DES GUIDES POUR

PAQUETS CADEAUX

DES GUIDES POUR

DES GUIDES POUR

PAQUETS CADEAUX

Rosalind Burdett

FLEURUS
IDEES

Edition Fleurus, 11, rue Duguay-Trouin, 75006 PARIS

SOMMAIRE

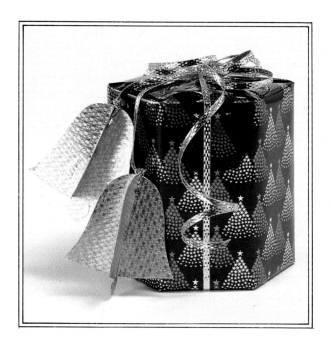

INTRODUCTION

Qu'il s'agisse de donner ou de recevoir, plus un cadeau est joliment emballé, plus le plaisir est grand. Les accessoires de décoration sont cependant parfois aussi chers que le cadeau lui-même. Le but de cet ouvrage est précisément de vous aider à créer, à peu de frais, des paquets cadeaux originaux et raffinés. Comment emballer correctement un paquet quelle que soit sa forme ? Comment dissimuler la forme évidente d'un disque ou d'une bouteille, fabriquer des étiquettes, des rubans, des rosettes ? Avez-vous déjà pensé à confectionner vous-même du papier cadeau ou à « détourner » de leur destination première des matériaux existants, du papier journal, par exemple ? Ce livre répond à toutes ces questions. En fin d'ouvrage, pages 124 à 127, vous trouverez les patrons et les gabarits des décorations les plus élaborées. Chaque modèle est accompagné de photos et d'instructions claires et précises qui vous permettront de marquer vos cadeaux de votre griffe, comme s'ils sortaient de la plus luxueuse des boutiques

Vous trouverez dans le commerce toute une gamme de papiers cadeaux plus beaux et plus étonnants les uns que les autres. Pour être original jusqu'au bout des ongles, vous pouvez cependant faire mieux : créer vous-même votre papier d'emballage. Dans les pages suivantes, vous trouverez des tas d'idées, des plus simples aux plus sophistiquées. Par exemple, vous apprendrez à travailler votre propre motif au pochoir ou à l'imprimer avec une simple pomme de terre. Vous découvrirez les techniques de base qui vous permettront d'emballer correctement vos cadeaux, qu'ils soient carrés, cylindriques ou triangulaires. Un cadeau bien emballé fait doublement plaisir. N'attendez plus, consacrez-vous au plaisir d'offrir !

Les innombrables papiers qui existent sur le marché ne vous laissent aucune excuse pour ne pas bien emballer vos cadeaux. Le choix est quasiment illimité : papiers ordinaires, mats, brillants, pastels ou vivement colorés ; papiers de soie, papiers métallisés ; motifs romantiques, géométriques ou discrets... Mieux mis en valeur, vos cadeaux iront droit au cœur.

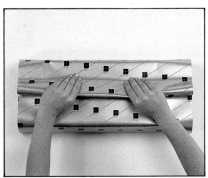

Les cadeaux carrés ou rectangulaires sont les plus faciles à emballer. La technique est simple : enroulez le papier cadeau autour de la boîte. Collez les bords avec un petit morceau de ruban adhésif ou, pour une finition plus élaborée, repliez un bord sur l'autre pour effectuer un rabat, et fixez-le avec un morceau de ruban adhésif double face. Vous obtiendrez un pli net et soigné.

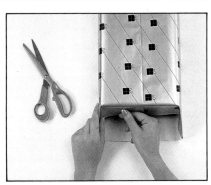

Si votre papier comporte des motifs linéaires, essayez d'aligner le dessin bord à bord pour dissimuler la jonction des deux côtés du papier. Rabattez les côtés en marquant soigneusement les plis. Coupez l'excédent de papier afin de ne pas obtenir une épaisseur excessive.

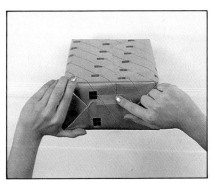

Repliez les rabats vers le haut. Lissez le pourtour de la boîte pour éviter les faux plis, puis fixez les rabats avec un morceau de ruban adhésif. Choisissez de préférence un adhésif invisible à surface mate ou, pour un résultat impeccable, de l'adhésif double face.

– COMMENT EMBALLER UN CYLINDRE –

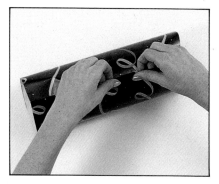

Pour emballer un cadeau de forme cylindrique, choisissez un papier assez fin, au grain peu apparent (vous aurez moins de difficultés pour réaliser les plis). Coupez le papier aux dimensions du cylindre en prévoyant une marge supplémentaire pour recouvrir les extrémités. Enroulez le papier autour du cylindre et fixez-le avec un petit morceau de ruban adhésif.

Sur le haut et le bas du cylindre, pliez les extrémités du papier en une série de petits triangles (toutes les pointes des triangles doivent se rejoindre au centre).

Fixez les plis avec des petits morceaux de ruban adhésif. Si les plis triangulaires ne sont pas réguliers, vous pouvez tricher un peu en les recouvrant d'une rondelle de papier cadeau assorti. Pour terminer, collez une rosette au sommet du triangle.

— COMMENT EMBALLER UNE SPHÈRE —

En général, pour envelopper une sphère, on rassemble le papier autour de la boule pour former une sorte de bouquet au sommet. Voici une méthode qui demande un peu plus de soin, mais donne un résultat plus soigné. Placez l'objet rond au centre d'une feuille de papier carrée en vérifiant que les côtés de la feuille puissent recouvrir le dessus de la sphère.

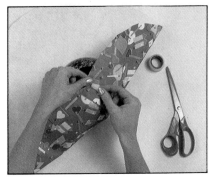

Coupez les coins du carré pour former un rond. Ramenez un côté du papier au-dessus de la sphère et réalisez une série de plis (voir photo). Les plis doivent se chevaucher et se rejoindre à peu près au même endroit. Tous les 3 ou 4 plis, fixez-les avec un petit morceau de ruban adhésif.

Continuez à plisser le pourtour de la sphère de la même manière. Cette opération nécessite un peu de temps, mais le résultat en vaut la peine. Recouvrez le sommet de la sphère d'une rondelle de papier ou, pour que votre cadeau soit encore plus attrayant, fixez-y plusieurs boucles de bolduc.

Tous les cadeaux ne sont pas rectangulaires ou ronds ! Lorsqu'on emballe un cadeau de forme irrégulière, le papier finit souvent par se chiffonner et le résultat est assez décevant. La solution ? Remplacez le papier ordinaire par du papier cellophane : il ne se chiffonne pas. Coupez un carré de cellophane plus grand que le cadeau.

Enroulez la cellophane autour de l'objet et rassemblez les coins en bouquet en serrant bien. Nouez le tout avec un ruban, comme un gros bonbon. Si votre cadeau est cylindrique, vous pouvez lui donner l'apparence d'un gros sucre d'orge en nouant chacune des extrémités avec un ruban.

La technique du pochoir permet de créer des papiers à la fois superbes et originaux. Procurez-vous une feuille de bristol et découpez-la en carrés de tailles différentes (vous pouvez choisir d'autres formes : étoiles, rondelles, petits animaux, etc.). Ces formes vous serviront de pochoirs.

Posez les formes au hasard sur une feuille de papier uni et maintenez-les en place avec une boulette de pâte à modeler. Vaporisez de la peinture en bombe (en vente dans les magasins de matériel de dessin et d'artisanat). Travaillez dans une pièce bien aérée en faisant attention aux éclaboussures.

Laissez sécher la peinture. Otez les carrés de papier bristol et disposez-les différemment sur le papier. Ils peuvent chevaucher les précédents, le résultat n'en sera que plus spectaculaire. Vaporisez la feuille avec une peinture de couleur différente, ôtez les bristols et attendez que le papier soit parfaitement sec avant de l'utiliser.

Cette autre technique de pochoir vous permettra de réaliser toutes sortes de motifs. Décalquez un dessin de votre choix et reportez-le sur une feuille de carton souple (du bristol, par exemple). Répétez le même motif plusieurs fois à intervalles réguliers, puis découpez les formes avec un cutter. Placez le pochoir sur une feuille de papier, puis préparez la gouache.

Le mélange de gouache doit demeurer assez épais. Appliquez la peinture sur le pochoir avec une brosse dure (veillez à ce que le pochoir ne bouge pas !). Lorsque vous avez terminé une rangée de motifs, soulevez délicatement le pochoir, nettoyez-le avec du papier journal pour pouvoir le réutiliser, et laissez sécher. Posez le pochoir à côté du motif terminé.

Procédez comme précédemment jusqu'à ce que la feuille de papier soit couverte de motifs. Pour disposer régulièrement les rangs de motifs, faites un repère sur le pochoir. Découpez la moitié d'un motif à l'endroit voulu pour marquer la place du rang suivant. Peignez le repère en même temps que les motifs du rang et positionnez le rang suivant dans l'alignement du précédent.

Vous pouvez créer de magnifiques papiers cadeaux avec une simple éponge et un peu de peinture. Choisissez une éponge naturelle (les éponges artificielles ne produisent pas l'effet voulu). Préparez de la gouache assez liquide et testez-la sur un petit morceau de papier pour vous assurer qu'elle a la nuance souhaitée.

Humectez l'éponge de peinture et tamponnez régulièrement la feuille de papier. L'éponge doit contenir suffisamment de peinture pour 4 « tampons » successifs. Prenez soin de préparer une quantité suffisante de peinture car l'éponge en absorbe beaucoup.

Rincez soigneusement l'éponge et pressez-la bien pour en faire sortir toute la peinture. Laissez sécher le papier et recommencez avec de la peinture de couleur différente. Vous pouvez utiliser autant de couleurs que vous le souhaitez. N'oubliez pas d'assortir le ruban à votre papier. Pour réaliser la rosette, reportez-vous à la page 49.

ÉCLABOUSSURES

Cette technique de peinture permet de réaliser un papier tout à fait inédit. C'est une opération très amusante, mais attention aux éclaboussures ! Avant toute chose, recouvrez votre plan de travail d'une vieille nappe ou de papier journal. Préparez 2 ou plusieurs mélanges de gouache assez liquide.

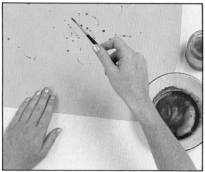

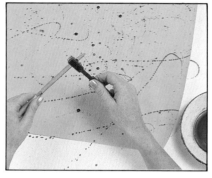

Trempez un pinceau dans la gouache et secouez-le au-dessus de la feuille de papier. Aspergez toute la feuille de cette manière, en vous plaçant sous différents angles. Laissez sécher.

Trempez une vieille brosse à dents dans la deuxième peinture, en évitant que la brosse ne soit totalement imbibée de liquide. Frottez-la ensuite sur la lame d'un couteau pour que la peinture éclabousse la feuille de papier. Continuez jusqu'à ce que le motif ait la densité voulue. Laissez sécher avant d'utiliser le papier.

COLLAGE DE FLEURS

Vous n'obtiendrez peut-être pas le succès de Jacques Prévert, mais vos amis apprécieront sans nul doute ces collages de fleurs. Ils sont du plus bel effet sur un papier très ordinaire (papier kraft, par exemple). Pour trouver des photos de fleurs à découper, procurez-vous un catalogue de pépiniériste.

Découpez, dans le catalogue, des photographies de fleurs de toutes les tailles et de toutes les formes. Choisissez un assortiment de couleurs. Prenez la peine de découper soigneusement le tour des pétales.

Emballez le cadeau, puis disposez les fleurs sur le papier en essayant de former un motif, une couronne, par exemple. Collez les fleurs. Avec des morceaux de pétales, formez ensuite le nom de la personne à laquelle le présent est destiné. Pour varier, vous pouvez réaliser le même type de collage avec des personnages de bandes dessinées ou des photos de chanteurs et d'acteurs.

Quoi de plus simple que d'écrire le nom du destinataire sur l'emballage d'un cadeau ? Encore faut-il l'écrire avec originalité ! Choisissez des feutres de couleurs assorties au papier. Maintenez les feutres ensemble avec une bande de ruban adhésif. Assurez-vous que les pointes des crayons sont toutes au même niveau.

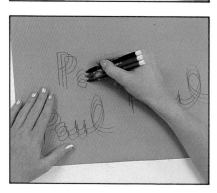

Ecrivez le prénom plusieurs fois sur la feuille en adoptant une écriture large et très cursive. Vous pouvez utiliser jusqu'à 5 crayons et les placer en groupe au lieu de les disposer en rangée. Pour obtenir une impression de papier rayé, écrivez le nom en petites lettres et en colonnes bien ordonnées.

Lorsque toute la surface du paquet est couverte de noms, nouez des rubans de la même couleur que les feutres. Avec un tel emballage, personne ne risque de confondre son cadeau avec celui d'une autre personne !

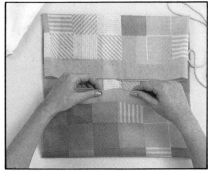

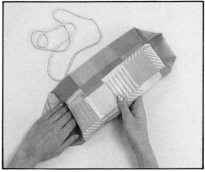

Avez-vous déjà pensé à envelopper un cadeau dans un deuxième cadeau ? Un foulard constitue, par exemple, un « emballage » idéal pour un livre !

Emballez votre cadeau dans le foulard, rabattez les pans vers l'intérieur (voir photo) et repliez les extrémités. Maintenez les rabats par un ruban ou par un collier de perles. Pour les petits cadeaux (des savons, par exemple), remplacez le foulard par un joli mouchoir. Enroulez le savon dans le mouchoir, rassemblez les extrémités en bouquet et nouez-les avec un ruban.

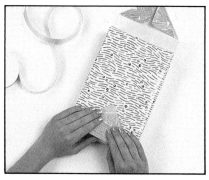

Vous venez d'acheter du papier et vous vous apercevez que vous n'en avez pas assez ? Pas de panique ! Il suffit d'avoir sous la main un autre morceau de papier. Enveloppez le cadeau avec le premier morceau de papier, insérez une bande de papier ordinaire à l'endroit où votre papier est trop court (voir ci-dessus) et rabattez les extrémités. Fixez ce premier emballage avec du ruban adhésif.

Découpez l'autre morceau de papier aux dimensions exactes du cadeau en prévoyant des bordures pour les rabats. Avec la bande ainsi formée, recouvrez le côté découvert et repliez le papier aux 2 extrémités (voir photo). Fixez les rabats avec du ruban adhésif double face. Vous pouvez aussi envelopper chaque côté du cadeau avec un papier différent (voir photo du haut).

L es papiers à motifs brillants ont un petit air de fête. Or, rien n'est plus facile que d'ajouter des paillettes à un papier ordinaire. Commencez par étalez à plat une feuille de papier uni. En vous servant d'un tube de colle à bec fin comme d'un crayon, dessinez une série de motifs simples.

Saupoudrez un côté de la feuille de paillettes, puis faites délicatement glisser les paillettes jusqu'à l'autre côté : elles vont se fixer sur les motifs tracés à la colle. Faites ensuite glisser l'excédent de paillettes sur une feuille de papier journal pour les récupérer et pouvoir les réutiliser.

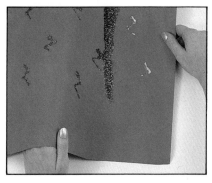

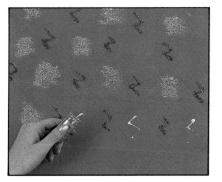

Dessinez d'autres motifs avec le tube de colle et procédez comme précédemment, cette fois avec des paillettes de couleur différente. Laissez sécher, puis secouez la feuille de papier pour ôter l'excédent de paillettes.

IMPRESSIONS POMME DE TERRE

Une simple pomme de terre permet de créer de magnifiques impressions. Coupez une grosse pomme de terre en 2. Avec un couteau de cuisine bien aiguisé, évidez certaines parties pour réaliser un motif en relief sur la face interne de la pomme de terre.

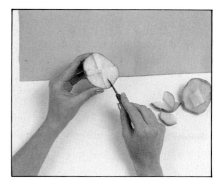

Afin de travailler régulièrement, tracez une grille au crayon sur la feuille à imprimer. Préparez de la gouache assez épaisse et appliquez-la au pinceau sur la forme en relief. Imprimez le motif au centre de chaque carré de la grille. Vous devriez pouvoir appliquer 3 ou 4 tampons avant qu'il ne soit nécessaire de repasser une couche de peinture sur la pomme de terre.

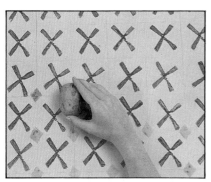

Lorsque vous avez terminé l'impression du premier motif, sculptez un motif différent sur l'autre moitié de la pomme de terre. Recommencez la même opération en appuyant le tampon à l'intersection des lignes de la grille. Laissez sécher. Gommez les lignes au crayon et emballez votre cadeau.

Les frises de papier peint créent un décor ravissant sur les boîtes carrées ou rectangulaires. Découpez une bande de frise de la largeur de votre cadeau emballé et collez-la le long d'un des côtés extérieurs.

Découpez une autre bande de frise pour le côté suivant, appliquez la colle et placez la bande de manière à ce que son extrémité chevauche la première bande. Taillez cette deuxième bande en biais (voir photo). Pour ce faire, aidez-vous d'une règle et d'un cutter.

Continuez ainsi sur tout le tour du cadeau et, pour chaque coin, taillez en biais l'extrémité de la bande que vous allez poser, avant de l'appliquer sur la précédente. N'appuyez pas trop fortement pour ne pas abîmer le paquet.

Un reste de papier peint est un matériau idéal pour emballer un gros cadeau. Nous avons utilisé ici un papier peint blanc à motifs en relief que nous avons coloriés. Commencez par emballer votre cadeau, puis passez un crayon de couleur différente sur chaque motif du papier.

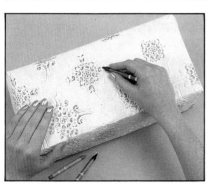

Vous pouvez colorier tous les motifs du papier ou en laisser certains en blanc. Utilisez de préférence de gros crayons gras, type crayons à pastel. Vous pouvez également utiliser des craies de couleur mais, dans ce cas, n'oubliez pas de passer un chiffon sur le papier pour ôter l'excédent de poussière.

Les reliefs des motifs de la tapisserie doivent rester apparents, c'est pourquoi il n'est guère conseillé de les colorier à la peinture. Une astuce : vous aurez peut-être des difficultés à faire adhérer l'adhésif à la surface du papier peint. Pour coller l'emballage, utilisez plutôt du ruban adhésif double face que vous poserez sur l'envers du papier.

Voici un emballage très raffiné, réalisé en un tour de main avec du ruban adhésif de couleur. Si vous craignez de ne pas être très habile pour effectuer des pliages compliqués, ce modèle est fait pour vous. Les motifs géométriques sont très faciles à réaliser. Commencez par tracer, sur le papier cadeau, le dessin que vous souhaitez obtenir.

Collez les bandes de ruban adhésif en suivant les lignes au crayon. Ne tendez pas exagérément les rubans adhésifs, faute de quoi vous risquez de faire plisser le papier. Il existe toute une gamme de rubans adhésifs de couleurs et de textures différentes. Choisissez des tons qui contrastent avec celui de votre papier.

NAPPERONS DÉLICATS

L a délicate silhouette d'un napperon de papier forme un contraste luxueux sur le fond sombre du papier cadeau. Enveloppez le cadeau de papier uni de couleur vive ou sobre au contraire. Collez les napperons en vous laissant guider par votre imagination. Si vous souhaitez décorer les coins, pliez d'abord le napperon en 2, puis en 4.

Dépliez le napperon en ayant soin de conserver la marque des plis. Découpez un quart du rond en suivant les plis que vous venez de faire.

Collez le napperon ainsi découpé sur l'un des coins du cadeau. Recommencez la même opération sur le côté opposé (voir photo). Ici, nous avons choisi des napperons ronds, mais les modèles carrés sont très beaux sur les boîtes carrées ou rectangulaires. En fonction du papier cadeau que vous utiliserez, vous pourrez coller des napperons dorés ou argentés.

L a forme de votre cadeau est irrégulière ? Ne vous épuisez pas à essayer de l'envelopper, fabriquez plutôt une boîte ou une petite pochette. Le résultat sera très professionnel et la personne à laquelle vous offrirez le cadeau pourra réutiliser l'emballage.

Vous trouverez dans ce chapitre le modèle de douze boîtes en carton de différents formats et de deux pochettes en tissu. Les gabarits des pages 124 à 127 se prêtent à toutes les modifications. Ils vous permettront donc d'adapter le format des boîtes à celui de votre cadeau.

Présenter un cadeau dans un petit sac ou dans une boîte est une délicate attention qui ne manquera pas de toucher le ou la destinataire. Les modèles que nous vous présentons sont dignes d'un professionnel, mais leur réalisation est d'une facilité déconcertante !

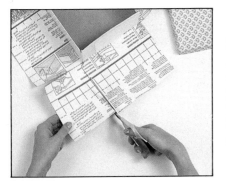

Recouverte de papier plastifié adhésif, une boîte à chaussures constitue un emballage idéal. Placez la boîte au centre d'une feuille de papier auto-adhésif. Tracez la forme des côtés et du fond de la boîte. Vous obtiendrez ainsi un « éclaté » de la boîte. Découpez votre feuille de papier en suivant les traits que vous venez de tracer, mais en prévoyant une marge pour les rabats.

Enlevez la feuille protectrice de l'adhésif. Posez soigneusement la boîte au centre de la feuille de papier et collez-la sur la boîte, en commençant par le fond et les petits côtés. Repliez les rabats vers l'intérieur (voir photo).

Lissez la feuille de papier adhésif sur toutes les faces de la boîte pour éliminer les bulles d'air. Repliez les rabats des grands côtés. Recouvrez le couvercle de la boîte de la même manière. Pour peaufiner votre travail, tapissez l'intérieur de la boîte avec un papier assorti. Vous pouvez également la doubler de tulle ou d'un papier de soie coordonné.

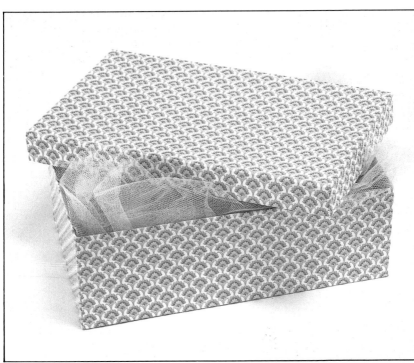

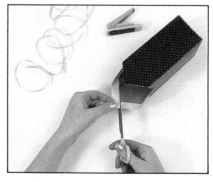

Avec une boîte de jus de fruits vide, vous réaliserez en un clin d'oeil une très jolie boîte à bonbons. Nettoyez soigneusement la boîte. Au crayon, tracez un V au sommet de chacun des petits côtés de la boîte, pointe du V dirigée vers le haut (voir photo). Découpez avec un cutter en suivant le tracé du V.

Recouvrez la boîte de papier cadeau adhésif en plaçant, au départ, le bord du papier sur une des arêtes de la boîte. Découpez le rabat du haut en V comme vous l'avez fait pour la boîte. Repliez les rabats. Percez un trou au sommet de chacun des côtés pointus, passez un ruban dans les trous et nouez.

Cette boîte en forme de cube convient à tous les types de cadeaux. Reportez les mesures du gabarit de la page 124 sur une feuille de carton souple. Tous les côtés doivent avoir les mêmes dimensions et les angles doivent être parfaitement droits. Découpez le gabarit. Marquez les plis avec le dos d'un cutter ou une lame de couteau.

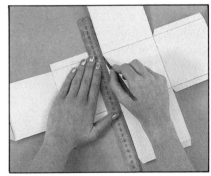

Pliez délicatement les côtés et les pattes de fixation de la boîte en veillant à ce que chaque pli forme un angle bien net. Ramenez tous les côtés vers le haut pour obtenir un cube.

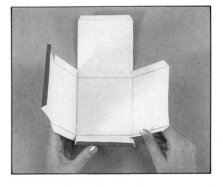

Collez chaque patte sur le côté qui lui fait face (voir photo). Utilisez de la colle ou du ruban adhésif double face. Repliez et collez le fond de la boîte. Repliez le couvercle sans le coller : la boîte est terminée ! Si vous désirez modifier sa taille, veillez à ce que les 6 côtés aient les mêmes dimensions.

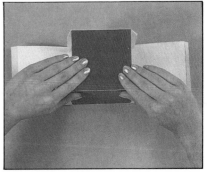

Si vous trouvez difficile de fabriquer entièrement une boîte, vous pouvez commencer en utilisant un paquet de céréales vide. Décollez soigneusement tous les côtés du paquet. Si nécessaire, séparez-les en glissant une lame de couteau entre les pattes, mais ne déchirez en aucun cas le paquet.

Dessinez la boîte souhaitée en vous aidant du gabarit de la page 124. Veillez à ce que les dimensions du couvercle correspondent à celles des autres faces du paquet de céréales. Découpez ce gabarit avec une paire de ciseaux et recouvrez-le de papier cadeau. Pour obtenir une finition bien nette, choisissez de préférence un papier adhésif ou utilisez de la colle en bâton. Laissez sécher.

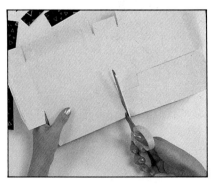

Découpez le papier cadeau en suivant la forme du carton. Marquez les plis avec le dos d'un cutter ou avec la lame d'un couteau. Pliez le carton en forme de boîte. Collez les côtés avec de la colle ou du ruban adhésif double face. Collez le fond de la boîte. Bourrez-la de papier de soie coupé en fines bandelettes, placez votre cadeau à l'intérieur et fermez le couvercle.

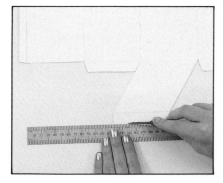

En modifiant la forme d'un cube, on obtient une boîte originale en forme de diamant. Reportez le gabarit de la page 125 sur une feuille de carton souple de couleur. Vérifiez que tous les côtés aient bien les mêmes dimensions que le gabarit et que les angles soient parfaitement droits. Les angles du couvercle et du fond doivent être de 60° et de 120°. Découpez la pièce au cutter.

Avec le dos d'un cutter ou la lame d'un couteau, marquez les plis des côtés et des pattes. Pliez la boîte en suivant ces plis. Travaillez soigneusement : les arêtes doivent être parfaitement nettes !

Collez les pattes des côtés avec de la colle ou du ruban adhésif double face. Pliez et collez le fond. Pliez le couvercle. C'est la forme du fond et du couvercle qui donne à la boîte son originalité.

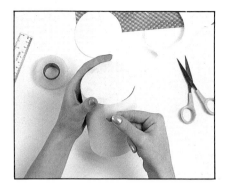

L a confection d'une boîte cylindrique n'est pas aussi difficile qu'il y paraît. Pour déterminer les mesures de la boîte, enroulez une feuille de carton autour du cadeau. Découpez le carton, roulez-le et collez les bords avec du ruban adhésif. Tracez et découpez 2 rondelles de carton, une pour le fond et une, plus grande, pour le couvercle. Fixez le fond avec des petits morceaux de ruban adhésif.

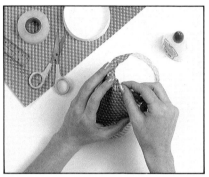

Découpez une bande de carton d'une longueur légèrement supérieure à la circonférence du cylindre. Avec du ruban adhésif, collez la bande à la rondelle du couvercle. Encollez une feuille de papier cadeau et recouvrez le cylindre. Rabattez le bord du papier sur le fond en une série de petits plis. Rabattez et collez l'extrémité supérieure du papier sur la face interne du cylindre.

Dans le papier cadeau, découpez une rondelle d'un diamètre légèrement inférieur au fond du cylindre. Collez-la en veillant à ce qu'elle dissimule parfaitement les plis et les morceaux de ruban adhésif. Recouvrez le couvercle de la même manière. Vous pouvez ajouter une anse en perçant 2 trous de chaque côté du cylindre pour y passer un morceau de cordelette à rideau.

P our réaliser cette ravissante bourse, reportez au crayon sur une feuille de carton très souple le gabarit de la page 125. Aidez-vous d'un compas et d'un rapporteur. Découpez le disque et, avec le dos d'un cutter ou une lame de couteau, marquez les plis de l'étoile et de l'octogone central.

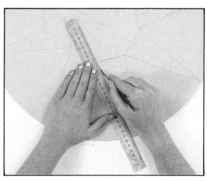

Ne dépassez pas les intersections car le carton risquerait de se déchirer par la suite. Gommez les autres lignes. Pliez le carton en suivant les bords de l'octogone sans froisser les côtés. Pliez le carton le long des branches de l'étoile pour former une série de triangles. Pour fermer le sac, il vous suffira de les réunir.

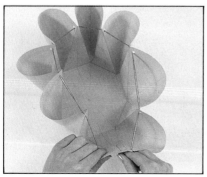

Cette opération exige un peu de patience. Lorsque les plis sont terminés, percez un trou au sommet de chaque triangle (voir le gabarit). Passez un ruban dans les trous et disposez les bords arrondis de manière qu'ils se rejoignent au centre. Le sac que nous vous proposons mesure 40 cm de diamètre, mais vous pouvez le réaliser dans n'importe quelle dimension.

FRAGILE !

L'élégance de cette boîte vient de la présence d'une petite poignée qui permet de la fermer. Utilisez du carton de couleur (à l'usage, un papier cadeau se décollerait sur les poignées). Reportez le gabarit de la page 126 sur votre papier cartonné. Tracez les poignées au compas. Découpez la pièce au cutter en veillant à ne déchirer ni les poignées ni les fentes.

Avec le dos d'un cutter ou une lame de couteau, marquez les plis du carton. Pliez ensuite le carton et formez la boîte. Collez les pattes avec de la colle ou du ruban adhésif double face. Pliez et collez le fond.

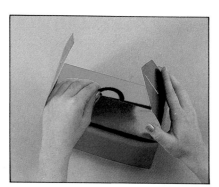

Fermez les 2 premiers rabats du couvercle en ramenant les poignées face à face. Tenez-les serrées et repliez les 2 derniers rabats du couvercle en passant les poignées dans les fentes.

TRIANGLE SURPRISE

Emballer une plante n'est pas chose aisée ? Voici la solution idéale. Sur une feuille de carton souple de couleur, tracez un triangle équilatéral. La longueur de chacun des côtés doit être égale à 2 fois la hauteur de la plante. Vérifiez avec un rapporteur que les angles sont bien de 60°.

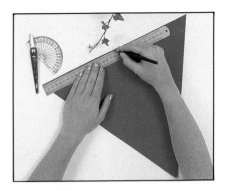

Divisez chaque côté du triangle en 2. Joignez les milieux des côtés entre eux pour tracer un triangle plus petit qui constituera le fond du paquet. Pliez le carton en vous aidant d'une règle de manière à former un triangle en 3 dimensions (voir photo). Percez un trou au sommet de chaque petit triangle. Passez un ruban pour fermer le paquet après y avoir introduit la plante.

Ces petites boîtes rigides conviennent particulièrement bien pour emballer des bijoux ou des petits objets. Reportez le gabarit de la page 126 sur une feuille de carton fin de couleur vive. Vous pouvez également recouvrir du carton ordinaire de papier cadeau. Pourvu que les triangles soient égaux, la taille n'a guère d'importance.

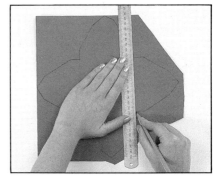

Découpez le gabarit au cutter ou aux ciseaux. Si vous souhaitez recouvrir la boîte de papier cadeau, collez-le dès à présent. Avec le dos d'un cutter ou une lame de couteau, marquez les plis du carton. Pliez les côtés de la pyramide en suivant ces lignes et en veillant à ce que les arêtes soient bien nettes.

Percez un trou au sommet de chaque triangle et donnez à la boîte sa forme pyramidale. Passez un ruban dans les trous. Toutes les pattes des côtés doivent s'insérer à l'intérieur de la boîte. Pour terminer, nouez le ruban en un joli noeud.

L e résultat étant assez fragile, il est préférable de réaliser une boîte de petite taille. Dans une feuille de carton fin, découpez une pièce en forme de croix (voir photo). Les quatre côtés doivent être absolument identiques. Le couvercle est également constitué d'un carré dont les côtés mesurent 5 mm de plus que ceux du fond de la boîte ; les bords mesurent 2 cm de large.

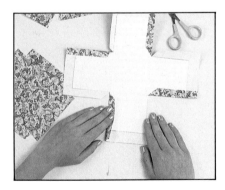

Recouvrez le gabarit de la boîte et le couvercle de papier cadeau en laissant une languette sur chaque bord. Repliez et collez les languettes de gauche sur le carton (voir photo). Pour faciliter le pliage, marquez, avec le dos d'un cutter ou une lame de couteau, les côtés qui formeront le fond de la boîte.

Repliez les côtés de la boîte vers le haut. Encollez les côtés imprimés des languettes en papier cadeau qui n'ont pas été repliées, puis collez-les sur les côtés adjacents, à l'intérieur de la boîte. Marquez nettement les arêtes. Pliez et collez le couvercle de la même manière.

Cravates, foulards, mouchoirs, chaussettes, savons ou bijoux, tous ces objets et bien d'autres trouveront leur place dans ces petites pochettes. Sur une feuille de carton souple, reportez le gabarit de la page 127. Vous pouvez choisir un carton de couleur ou recouvrir du carton ordinaire de papier cadeau.

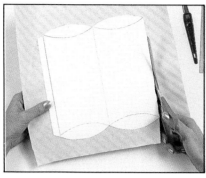

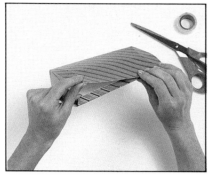

Dans ce dernier cas, encollez une feuille et appliquez-la soigneusement sur le carton. Découpez la feuille en suivant la forme du carton. Avec le dos d'un cutter ou une lame de couteau, marquez les lignes en pointillés ; elles délimiteront les rabats qui fermeront les 2 côtés du paquet.

Collez les côtés dans le sens de la longueur avec de la colle ou du ruban adhésif double face. Repliez les rabats vers l'intérieur. Si vous avez soigneusement marqué les plis, ils s'ouvriront et se fermeront sans problème.

Cette petite boîte étroite est idéale pour emballer un bijou ou une montre, mais vous pouvez aussi la faire plus grande. Reportez le gabarit de la page 127 sur une feuille de carton souple. Si vous désirez recouvrir la boîte de papier cadeau, faites-le avant de découper le carton.

Découpez le carton avec des petits ciseaux pointus en veillant à ne pas abîmer les poignées et les fentes. Avec le dos d'un cutter ou une lame de couteau, marquez les plis (lignes en pointillés du gabarit).

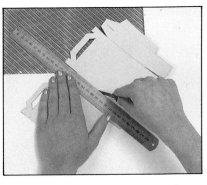

Marquez soigneusement chaque arête. Pliez les côtés et formez la boîte. Collez les pattes de chaque côté sur le côté opposé. Pliez et collez le fond. Fermez le haut de la boîte en veillant à ce que les languettes situées aux extrémités des poignées restent bien droites (voir photo). Rabattez les pattes des petits côtés en insérant les languettes dans leur fente.

SACS REMPLIS DE CADEAUX

Les boîtes et les sachets ont l'avantage de pouvoir contenir des objets de tailles très différentes. Mesurez la quantité de papier nécessaire à l'aide d'un objet plus grand que le cadeau à emballer. Cet objet (un ou plusieurs livres, par exemple) vous servira de moule. Choisissez un papier assez résistant et prévoyez une bordure pour le rabat et la poignée.

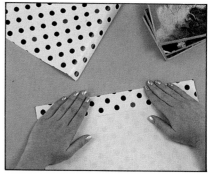

Enveloppez le moule, collez les bords du papier et repliez les pattes du fond comme pour emballer un paquet rectangulaire (voir page 10). Fixez le fond avec du ruban adhésif. Attention, le fond doit être assez résistant pour supporter le poids du cadeau !

Faites glisser le moule hors du sac. Pliez les côtés en marquant bien les arêtes. Repliez le fond vers le haut, contre le sac. Percez 2 trous de chaque côté. Passez un morceau de ruban ou de cordelière pour former les anses et nouez-les à chaque extrémité pour les bloquer à l'intérieur du sac. Vous pouvez également fermer le sac par un simple petit lien.

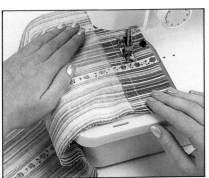

Offerts dans ce joli sac en tissu, des petits savons constitueront un cadeau doublement apprécié. Taillez un morceau de coton en prévoyant 5 cm pour les coutures des côtés et 10 cm pour les ourlets du haut. Faites un rentré de 5 cm environ aux 2 extrémités de la bande de tissu. Effectuez 2 coutures entre lesquelles viendra se glisser le ruban.

Assemblez les côtés par quelques épingles, endroit sur endroit, en veillant à ce que les bords du sac coïncident. Cousez en laissant une ouverture pour faire passer le ruban. Si vous n'avez pas de machine à coudre, vous pouvez fort bien effectuer toutes ces opérations à la main. Retournez le sac à l'endroit et repassez-le.

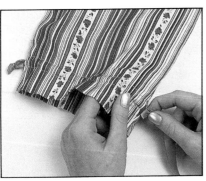

Coupez en 2 un morceau de ruban de longueur égale à 4 fois la largeur du sac. A l'aide d'une épingle de sûreté, glissez une des moitiés du ruban entre les 2 coutures qui bordent le sac. Les 2 extrémités doivent sortir du même côté. Nouez-les entre elles. Passez l'autre moitié du ruban de la même manière en faisant ressortir ses extrémités du côté opposé. Nouez-les.

Cette superbe enveloppe en étoffe est parfaite pour un cadeau plat. Tracez un patron mesurant 5 cm de plus que votre cadeau en largeur et 2,5 fois sa longueur. Découpez un V à l'une des extrémités de la bande ainsi formée. Pliez le tissu en 2 et épinglez le patron en papier par dessus. Coupez le tissu en suivant le patron.

Épinglez le tissu endroit contre endroit et assemblez les bords par de fines coutures en laissant une ouverture de 7,5 cm environ pour retourner le sac sur l'endroit. Retournez le sac, repassez-le, puis fermez l'ouverture par une couture. Si vous ne disposez pas de machine à coudre, vous pouvez facilement réaliser ces opérations à la main.

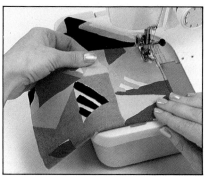

Pliez la bande pour lui donner la forme d'une enveloppe. Le rabat pointu doit venir se replier sur le dessus. Épinglez le tissu et assemblez les côtés par 2 séries de coutures résistantes. Au dos du sac, fixez un morceau de ruban par des points invisibles. Glissez votre cadeau à l'intérieur et nouez le ruban sur le devant.

Sans ruban ni décoration, le plus beau papier cadeau a triste mine. Il suffit parfois d'un simple nœud pour transformer un emballage tout simple.

Il serait cependant dommage de vous contenter de rubans et de rosettes de bolduc ! Vous pouvez décorer vos emballages avec des glands, des étoiles en papier doré, des éventails en papier, des fleurs... Nous vous proposons une trentaine d'idées originales, mais, avec un peu d'imagination, vous en trouverez certainement beaucoup d'autres.

Les rubans et les cordelières permettent de réaliser toutes sortes d'ornements : des rosettes, des fleurs, des pompons amusants... Pensez aussi aux tresses, aux galons, au papier crépon et même aux bonbons ! Il suffit parfois d'un petit objet tout simple pour égayer et personnaliser un paquet cadeau !

V oici comment obtenir un effet très spectaculaire en quelques minutes. Achetez 3 bobines de bolduc en petite largeur et de couleurs assorties à votre papier. Nouez le paquet avec l'un des bolducs en faisant le nœud sur le dessus. Prévoyez un morceau assez long. Sur le nœud du premier bolduc, nouez un autre morceau de la même couleur et 2 morceaux de chacune des 2 autres couleurs.

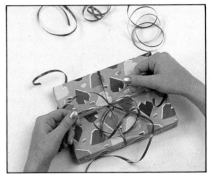

Vous avez maintenant au total 4 brins de chaque couleur. Les nœuds doivent être suffisament serrés pour ne pas se voir. Lissez chaque brin en le passant entre le pouce et une lame de ciseaux pour le faire boucler.

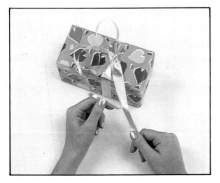

Vous pouvez également utiliser un seul bolduc en grande largeur. Dans ce cas, nouez-le en serrant bien le nœud et pratiquez 2 petites incisions dans chaque longueur de bolduc pour la diviser en 3. Tirez pour séparer les bolducs en 3 fines bandes, puis faites-les boucler.

POMPON DE BOLDUC

Pour réaliser cette jolie fleur, achetez du bolduc gommé (il s'agit d'un type de bolduc qui, lorsqu'on l'humidifie, devient adhésif). Coupez 7 morceaux dont 4 de 30 cm de long et 3 de 23 cm de long. Pour la boucle du milieu, prévoyez un morceau de 5 cm de long.

Ramenez les 2 extrémités de chaque morceau de 30 cm au centre et collez-les. Collez les 4 séries de 2 boucles ainsi formées l'une sur l'autre (voir photo). Commencez par en coller 2, puis 2 autres, en veillant à ce que les boucles soient disposées à intervalles réguliers.

Formez les boucles des rubans de 23 cm et collez-les en leur centre en les croisant. Collez cette nouvelle étoile au milieu de la rosette précédente. Terminez en collant la petite boucle au centre de l'ensemble. Selon la taille de la fleur que vous désirez réaliser, augmentez ou réduisez la longueur des morceaux de bolduc.

Ce paquet cadeau est une véritable œuvre d'art. Il est cependant très facile à réaliser. Emballez votre cadeau dans une boîte et choisissez du bolduc assorti au papier. En tenant l'extrémité du bolduc dans une main, formez des boucles de la manière illustrée ci-contre, en formant le tracé d'un 8.

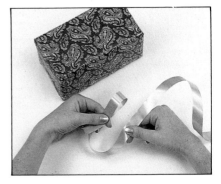

Faites un minimum de 7 boucles de chaque côté (plus si vous le souhaitez). La taille du nœud dépend du nombre et de la longueur des boucles.

Vérifiez la régularité des boucles et pincez-les au centre en enroulant un petit morceau de ruban adhésif pour les maintenir en place. Dissimulez le ruban adhésif en le recouvrant de bolduc, entourez le paquet d'un morceau de bolduc et fixez le nœud par dessus avec du ruban adhésif double face.

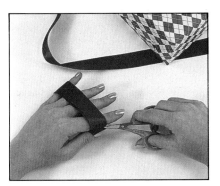

Ce nœud aux boucles souples donnera à votre paquet un petit air d'élégance discrète. Il vous faut environ 2 m de ruban d'acétate de 2,5 cm de large. Coupez 30 cm de ruban et mettez-les de côté. Enroulez le reste sur vos doigts. Tenez solidement le ruban et pratiquez une petite entaille de chaque côté en coupant toutes les épaisseurs en une seule fois (voir photo).

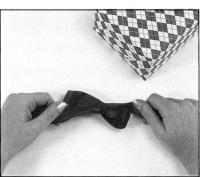

Otez le ruban de vos doigts et pratiquez également une entaille à l'autre extrémité des anneaux. Applatissez les anneaux de manière à ce que les entailles se rejoignent au centre et que, de chaque côté, les boucles aient la même taille. Nouez le morceau de ruban de 30 cm autour des entailles (voir photo).

En commençant par celle du dessous, dégagez délicatement chaque boucle vers le côté, sans la dénouer. Au terme de cette opération, chaque boucle doit apparaître individuellement pour former la rosette telle que vous pouvez la voir sur la photo du haut.

Pour ce modèle, choisissez du bolduc gommé, assorti au papier ou, au contraire, très contrasté. Coupez un morceau de 20 cm de long et croisez-le pour réaliser une boucle en forme de 8.

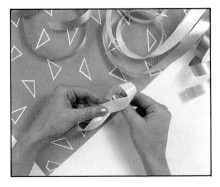

Ramenez une des boucles vers le haut de manière à ce que les 2 pointes du 8 soient tournées vers le haut (voir photo). Collez. Coupez un deuxième morceau de bolduc 7,5 cm plus long que le premier et recommencez l'opération précédente. Placez le petit 8 sur le plus grand et collez.

Réalisez 4 autres 8 en bolduc, chacun devant être exécuté avec un morceau 7,5 cm plus long que le précédent. Collez-les les uns sur les autres. Posez la garniture sur le paquet et fixez-la sous le bolduc dont vous entourerez le cadeau. Dégagez les boucles de manière à ce qu'elles ne se superposent pas, ce qui gâcherait l'effet désiré.

Ces glands en *Lurex* transforment le paquet le plus ordinaire en emballage de luxe. Découpez un morceau de carton de la longueur du gland terminé. Enroulez le fil autour du carton jusqu'à obtenir un gland de l'épaisseur voulue.

Passez un fil sous les brins enroulés et nouez-le bien serré au sommet du morceau de carton (voir photo). Du côté opposé, coupez les brins.

A 1 cm environ du haut du gland, enroulez un fil. Egalisez les franges. Fabriquez ensuite un deuxième gland. Avec 4 longueurs de fil, faites une torsade dont vous entourerez le paquet. Attachez un gland à chaque extrémité de la torsade. A la place du *Lurex*, vous pouvez utiliser du coton ordinaire ou de la laine, mais le résultat sera moins raffiné.

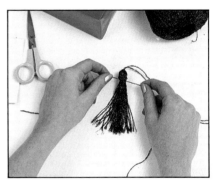

Seriez-vous capable de distinguer cette rosette pointue d'un modèle vendu en magasin ? En la fabriquant vous-même, elle vous coûtera deux fois moins cher ! Procurez-vous du bolduc gommé. Faites une petite boucle en enroulant le bolduc autour du pouce. Collez le bolduc. Ramenez-le vers l'arrière, passez-le sous le pouce pour former une boucle pointue (voir photo) et collez.

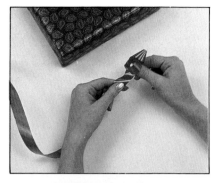

Continuez à former des boucles en les espaçant régulièrement. Cette opération est un peu délicate, mais le résultat en vaut la peine. Entre deux boucles, prenez le temps de laisser sécher la gomme du bolduc.

Lorsque vous aurez obtenu une rosette de la grosseur souhaitée, coupez le bolduc en ne laissant dépasser qu'un petit morceau. Fixez la rosette sur le paquet avec un petit morceau de ruban adhésif double face.

Pour réaliser ce superbe papillon et ces fleurs, il suffit d'un peu de fil métallique (fil de laiton, à fusible) et d'un vieux bas ou d'un collant. Pour préparer la charpente des pétales, coupez 15 longueurs de fil métallique, certaines plus courtes que les autres. Donnez-leur une forme arrondie et fixez-les en tordant les extrémités des tiges entre elles.

Tendez un morceau de collant ou de bas sur le fil métallique en veillant à ce qu'il recouvre entièrement le cercle. Maintenez-le en place en enroulant un fil de coton de même couleur autour des tiges torsadées. Coupez l'excédent de tissu.

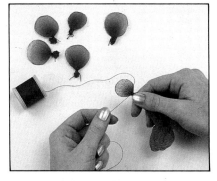

Fabriquez 7 pétales. En plaçant les plus petits au centre, attachez-les ensemble avec un fil de coton. Modelez les pétales pour obtenir une jolie forme. Pour le papillon, travaillez comme précédemment en réalisant 2 paires de « pétales » que vous attacherez entre elles pour former les ailes. Les antennes ont été réalisées avec des petits morceaux de fil métallique.

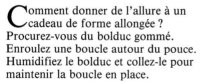

Comment donner de l'allure à un cadeau de forme allongée ? Procurez-vous du bolduc gommé. Enroulez une boucle autour du pouce. Humidifiez le bolduc et collez-le pour maintenir la boucle en place.

Formez une deuxième boucle plus large que la première. Collez. Continuez en augmentant régulièrement le diamètre de chaque boucle. En général, on considère que 4 boucles constituent un maximum pour que le nœud demeure bien droit sur le paquet.

L'ÉCLAT DES PAILLETTES

L'éclat métallique des paillettes apporte un côté très mode aux paquets cadeaux. Les bandes de paillettes et les rubans-grilles sont vendus au mètre dans les boutiques d'artisanat. Ce modèle convient plus particulièrement aux paquets rectangulaires et plats. Enroulez un morceau de grille autour du paquet et fixez-le avec du ruban adhésif.

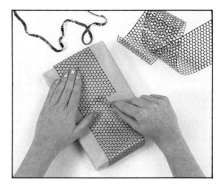

Coupez un autre morceau de grille et formez 2 boucles. Fixez-les avec du ruban adhésif en veillant à bien dissimuler le joint.

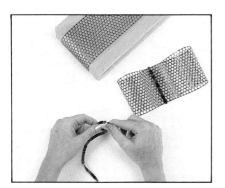

Placez un collier de paillettes au milieu de la boucle et nouez-le pour le maintenir en place. Préparez ensuite un deuxième collier et nouez-le à côté du premier. Ecartez légèrement les deux colliers et fixez-les, sous la boucle, avec du ruban adhésif double face. Si vous êtes pressé, vous pouvez vous contenter d'enrubanner votre cadeau avec un simple collier de paillettes.

ÉVENTAIL DE BOUCLES

Ce type de nœud fait davantage d'effet sur un paquet rectangulaire. Coupez 66 cm de ruban de satin. Marquez un repère de chaque côté du ruban, à 13 cm d'une des extrémités. Marquez des repères espacés de 10 cm, 7,5 cm, 5 cm, 7,5 cm, 10 cm. Passez un fil à bâtir sur toute la longueur du ruban en piquant l'aiguille au niveau de chaque repère.

Recommencez l'opération sur l'autre bord du ruban en veillant à faire les points bien en face des précédents. Froncez le ruban (voir photo). Pour plus de facilité, nouez les fils à une extrémité et faites glisser les boucles.

Serrez les fils pour former les boucles. Assemblez les joints par une couture et coupez le fil. Enroulez le ruban autour du cadeau et, avec du ruban adhésif double face, fixez les boucles au centre du grand côté du paquet. Taillez les extrémités du ruban en V.

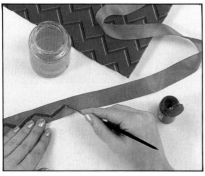

Contrairement aux apparences, rien n'est plus facile que d'assortir le ruban au papier ! Choisissez un papier cadeau à motifs simples. Procurez-vous un ruban de la même couleur que le fond du papier ou d'une couleur qui contraste avec celui-ci. Coupez un petit morceau de ruban pour faire un essai et reproduisez à la gouache le motif du papier.

N'essayez pas de réaliser un motif trop compliqué. Lorsque vous êtes sûr de vous, décorez le ruban. Prévoyez une longueur suffisante pour pouvoir nouer une belle boucle. Laissez sécher la peinture. Si elle se craquèle au moment où vous enrubannez le cadeau, faites un raccord et attendez qu'il soit bien sec avant de continuer.

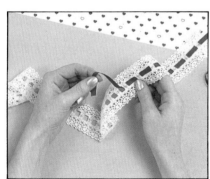

Votre cadeau est destiné à une jeune fille romantique ? N'hésitez pas, entourez-le de dentelle ! Procurez-vous de la dentelle ajourée et un ruban assorti à votre papier cadeau. Coupez un morceau de dentelle égal à 2 fois la longueur du ruban. Passez le ruban dans les trous de la dentelle.

Froncez la dentelle sur le ruban. Enroulez l'ensemble autour du cadeau. Fixez les bandes qui se croisent au dos et sur le devant par quelques points de couture. Terminez en nouant une boucle de ruban sur le dessus. La dentelle est un peu plus chère que le ruban ordinaire, mais elle permet de faire de si beaux emballages !

JABOT DE CRÉPON

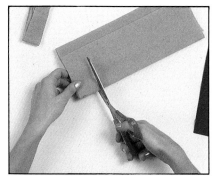

Le papier crépon est un matériau idéal pour réaliser ces ravissants jabots. Il existe dans toutes les couleurs imaginables. Pour chaque jabot, découpez 2 bandes de papier crépon. L'une doit être un peu plus large que l'autre et elles doivent toutes deux mesurer une fois et demie le périmètre du paquet.

Posez les 2 bandes à plat, la plus étroite sur le dessus. Avec un fil de même couleur, assemblez-les au milieu par une couture sur toute la longueur. Froncez légèrement le fil.

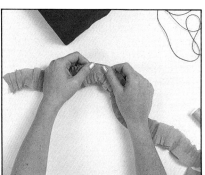

Etirez chaque bande séparément pour accentuer l'effet de jabot. Fabriquez un deuxième jabot. Enroulez ensuite les 2 jabots autour du paquet, fixez leurs extrémités avec du ruban adhésif et maintenez chaque jabot en place avec une cordelette passée au milieu des bandes pour dissimuler les coutures. Faites bouffer les bandes de crépon de chaque côté.

Ce modèle tout simple est réalisé avec 3 rubans de 2 mm de largeur dont les couleurs rappellent celles du papier cadeau. Vous pouvez également utiliser 3 longueurs de ruban de la même couleur. Nouez ensemble les 3 rubans à l'une de leurs extrémités et tressez-les.

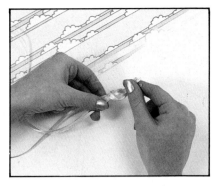

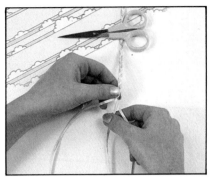

Pour faciliter l'opération, placez un poids sur le nœud, une paire de ciseaux ou un presse-papier, par exemple. Le tressage doit être le plus régulier possible. Si nécessaire, déplacez le poids au fur et à mesure de la progression du travail.

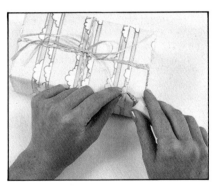

Une fois la tresse achevée, utilisez-la comme un ruban ordinaire pour lier le paquet. Défaites le premier nœud et attachez les deux extrémités par un nouveau nœud en laissant dépasser des longueurs de ruban de chaque côté. Ramenez chacune des longueurs en boucle et fixez-les par un point de colle sous le nœud.

Cette élégante cordelière et sa rosette assortie ont été réalisées avec du galon ondulé. Il vous en faut environ 1 m de chaque couleur. Enroulez un galon sur les ondulations de l'autre en le tordant légèrement de manière à ce qu'ils restent bien serrés. Continuez jusqu'à obtenir la longueur correspondant aux dimensions de votre paquet.

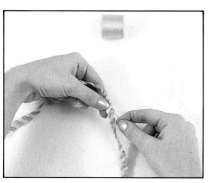

Repassez la torsade, puis confectionnez-en une deuxième pour réaliser la rosette. Passez un fil sur 45 cm de galon torsadé en piquant l'aiguille dans chaque ondulation.

En tirant sur le fil, froncez la torsade de manière à ce qu'elle s'enroule sur elle-même. Donnez-lui la forme d'un disque et cousez chaque cercle au fur et à mesure de la progression du travail. Coupez la torsade et cousez ses 2 extrémités sous la rosette. Liez le paquet et cousez les points d'intersection. Fixez la rosette au milieu par quelques points de couture.

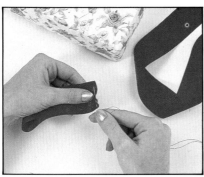

Ce motif floral est particulièrement féminin. Pour chaque rosette, prévoyez une trentaine de centimètres de ruban en grande largeur. Pliez le ruban en 2, endroit contre endroit, et assemblez ses extrémités par une fine couture.

Passez un fil sur toute la longueur du ruban, en suivant bien le bord. Tirez sur le fil pour froncer le ruban et obtenir la rosette. Cousez le centre pour le maintenir en forme. Réalisez une autre rosette, puis fixez les fleurs sur le paquet avec un morceau de ruban adhésif double face.

Comment ne pas frémir de curiosité devant ce paquet cadeau enjolivé d'aussi adorables boutons d'or ? Vous pouvez en préparer autant qu'il vous plaira. Selon la largeur du ruban choisi, coupez une longueur de 6 à 9 cm. Pliez le ruban en 2, endroit contre endroit. Assemblez ses 2 extrémités par une fine couture. Passez un fil sur toute la longueur du ruban en suivant bien le bord.

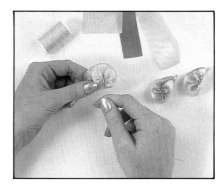

En tirant sur le fil, froncez le ruban pour former le bouton d'or. Fixez le centre par quelques points de couture. Réalisez 2 ou 3 autres boutons d'or et cousez-les ensemble à la base. Afin qu'ils restent bien groupés, n'hésitez pas à les assembler par 1 ou 2 points au niveau des corolles.

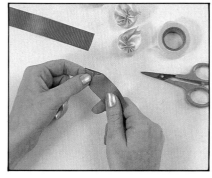

Pour un résultat impeccable, n'oubliez pas les feuilles ! Repliez les extrémités d'un petit morceau de ruban vert de manière à lui donner la forme d'une feuille. Fixez 2 feuilles avec du ruban adhésif double face (la colle laisse des traces sur le ruban). Arrangez ensuite les boutons d'or et les feuilles à votre guise en vous inspirant du cliché ci-dessous.

Vous n'avez pas de papier cadeau et toutes les boutiques sont fermées ? En revanche, vous avez sûrement quelques vieux journaux à la maison ! Pour que votre paquet ait vraiment l'air d'un cadeau, la fleur du dessus est indispensable. Pour la réaliser, découpez plusieurs bandes de papier de 15 cm de large et d'autres plus étroites. Pliez chaque morceau en 2 dans le sens de la longueur.

Pratiquez une série d'entailles sans toutefois aller jusqu'à séparer les bandelettes. Rassemblez les bandelettes en bouquet et fixez la base par un morceau de ruban adhésif. Faites bouffer les pétales de la fleur.

Recommencez l'opération avec les autres morceaux de papier journal. Rassemblez les fleurs en plaçant les plus petites sur l'extérieur. Fixez-les avec du ruban adhésif dont vous laisserez dépasser un morceau pour fixer l'ensemble au paquet. Pour plus de raffinement, choisissez un journal financier si le destinataire est dans les affaires, un quotidien sportif pour un sportif, etc.

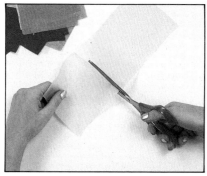

Plus vous utiliserez de couleurs, plus ces tortillons feront d'effet. Pour chaque tortillon, il vous faut 3 carrés de papier de soie pour la couleur externe, 2 pour celle du milieu et 2 pour celle du centre (la plus visible). La taille des carrés va en décroissant de l'extérieur vers l'intérieur.

Superposez les carrés en commençant par le plus grand pour terminer par le plus petit. Placez-les de manière à ce que les coins de chaque carré coupent les côtés du carré précédent (voir photo). Assemblez tous les carrés par quelques points de couture au centre et laissez dépasser une longueur de fil.

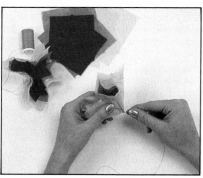

Pliez l'ensemble en 2, puis de nouveau en 2. Tordez la pointe de la base de manière à former une « fleur ». Tirez le fil et, en serrant bien, enroulez-le autour de la pointe. Faites bouffer la fleur. Réalisez plusieurs fleurs et groupez-les sur le paquet en les fixant par des morceaux de ruban adhésif double face.

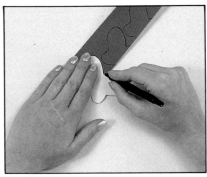

Ces petits ornements en relief donneront à vos paquets une note gaie et originale. Enveloppez votre paquet de papier uni. Pour les papillons, pliez en 2 une bande de papier d'une couleur différente de celle de l'emballage. Dessinez un demi-papillon sur une feuille de carton fin et découpez la forme. Reportez plusieurs fois la forme sur le papier de couleur plié en 2, en commençant sur le bord du pli.

Découpez les papillons et marquez bien le pli central. Fixez-les au hasard sur le paquet avec de la colle ou du ruban adhésif double face. Vous pouvez aussi remplacer les papillons par des petites boucles de ruban fixées sur le paquet avec du ruban adhésif double face.

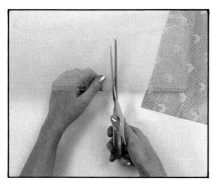

L e tulle embellit les cadeaux les plus ordinaires. Avec des paillettes argentées, le résultat est encore plus séduisant. Coupez un morceau de tulle d'une longueur égale à 2 fois le périmètre du paquet et d'une largeur égale à la longueur du paquet plus 15 cm.

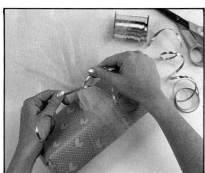

Plissez légèrement le tulle, enroulez-le autour du paquet (voir photo) et nouez-le avec un morceau de ruban ou de bolduc argenté. Laissez dépasser les extrémités du ruban. Ouvrez le tulle en corolle. Coupez un autre morceau de la même largeur et d'une longueur égale à 2 fois la hauteur de la collerette précédente. Passez-le sous la collerette et fixez-le avec un morceau de bolduc.

Passez de la colle sur le pourtour des collerettes. Retournez le paquet et trempez la bordure des collerettes dans un plat rempli de paillettes argentées. Secouez pour éliminer l'excédent de paillettes. Faites boucler les extrémités du bolduc en les lissant avec une lame de ciseaux ou de couteau.

L e côté amusant de cette idée est généralement très apprécié. Découpez un carré de 23 cm de côté dans un papier assorti au papier cadeau. Vous pouvez aussi adapter la taille du moulinet à celle du paquet. Rejoignez les coins opposés du carré par des lignes tracées au crayon.

En commençant par les coins, découpez en suivant ces lignes jusqu'à 2,5 cm du centre. Repliez chacun des 4 côtés en plaçant leur pointe sur le centre, puis fixez avec du ruban adhésif double face.

Pour réaliser la tige du moulinet, insérez une attache parisienne dans l'extrémité d'une paille. Ecartez légèrement les pattes pour que l'ensemble ne glisse pas. Percez le centre du moulinet avec une autre attache. Avant d'écarter les pattes, passez-les entre celles de l'attache insérée dans la paille. Fixez le moulinet et sa tige sur le paquet avec du ruban adhésif double face.

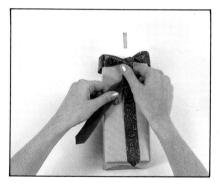

Voici un paquet bien habillé pour un homme élégant ! Ce modèle convient bien pour un paquet rectangulaire. Enveloppez-le dans un papier dont la couleur rappelle celle d'une chemise. Découpez le « col » dans du papier blanc assez épais. Fixez-le autour du paquet avec de la colle ou du ruban adhésif double face.

Pour la cravate, choisissez un ruban imprimé. Enroulez-le autour du col et faites un nœud de cravate. Avant de serrer le nœud, mettez un point de colle ou un petit morceau de ruban adhésif double face à l'endroit du col où viendra se fixer la cravate. Découpez l'extrémité de la cravate en pointe, puis repliez les coins du papier blanc de manière à former un col cassé.

Quelques fleurs séchées constituent un ornement ravissant pour décorer le cadeau d'anniversaire d'une personne née en automne ou en hiver. Achetez un petit bouquet d'immortelles séchées, ou cueillez des herbes et des fleurs et faites-les sécher.

Réunissez-les en bouquet en vous inspirant du cliché ci-dessus. Coupez les tiges à la même longeur et enroulez du ruban adhésif à leur extrémité pour les maintenir ensemble. Dissimulez l'adhésif avec un morceau de ruban fermé par un double nœud bien serré. Attachez un autre ruban autour du paquet et terminez en nouant le bouquet par un joli nœud.

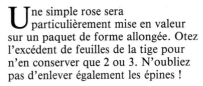

Une simple rose sera particulièrement mise en valeur sur un paquet de forme allongée. Otez l'excédent de feuilles de la tige pour n'en conserver que 2 ou 3. N'oubliez pas d'enlever également les épines !

Pour éviter que la fleur ne tache le papier cadeau, enveloppez l'extrémité de la tige dans du papier plastifié. Découpez une bande étroite de papier cadeau. Enroulez-la autour de la tige et maintenez-la au dos par un petit morceau de ruban adhésif. Découpez un V au sommet du tube en papier et fixez l'ensemble sur le paquet avec du ruban adhésif double face.

Pour réaliser cette décoration, choisissez du papier métallisé ou brillant. Avec un compas, tracez 4 cercles. Ceux de notre exemple mesurent 8 cm, 6,5 cm, 5 cm et 4 cm de diamètre. A l'intérieur de chaque cercle, tracez un deuxième cercle à 2 cm du bord. Divisez chaque disque en 8 par des lignes. Découpez en suivant les lignes jusqu'au cercle interne.

Roulez chaque segment du cercle en cône en veillant à ce que chaque sommet soit bien pointu. Fixez avec un point de colle. La formation des cônes exige du soin et de la patience ; vous les réussirez plus facilement en enroulant le papier autour d'une pointe de stylo. Recommencez la même opération pour chacun des disques de papier.

Collez toutes les étoiles les unes sur les autres en commençant par la plus grande et en disposant les branches de chaque étoile entre celles de l'étoile précédente. Laissez sécher. Repliez légèrement les branches des 2 étoiles du milieu vers l'intérieur de manière à remplir le trou central et à former une grosse étoile.

L a décoration de ce paquet est réalisée avec des pailles de quatre couleurs différentes. Choisissez des pailles en papier ou en plastique aux couleurs assorties à celles du papier. Coupez 4 pailles en 2 et conservez uniquement 4 moitiés. Coupez 4 autres pailles en 2 en prévoyant un côté plus long que l'autre. Vous pourrez ainsi fabriquer 3 étoiles de tailles différentes.

Agrafez en leur centre 4 moitiés de pailles, une de chaque couleur (voir photo). Recommencez l'opération avec les petits segments de paille, puis avec les grands. Agrafez les 3 étoiles ensemble, la plus petite sur le dessus et la plus grande en dessous. Fixez cette étoile triple sur le dessus du paquet avec du ruban adhésif double face.

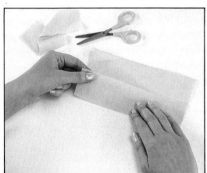

Ces gracieux bouquets réalisés avec des mouchoirs en papier de couleur enjoliveront vos cadeaux à peu de frais. Dépliez un mouchoir en papier et repliez-le en 2 dans le sens de la longueur. Sur toute la longueur, découpez et ôtez la moitié de la première feuille du mouchoir pour que la tige ne soit pas trop épaisse.

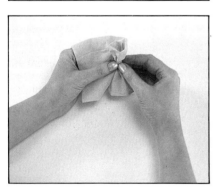

Rentrez le coin supérieur du mouchoir et plissez le mouchoir en tournant progressivement pour former la « fleur ». Lorsque vous serez au bord du mouchoir, rentrez, comme précédemment, le coin supérieur.

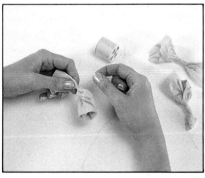

Entortillez la « tige » 1 ou 2 fois pour qu'elle soit plus solide, puis enroulez-y un fil et terminez par un nœud bien serré. Fabriquez plusieurs fleurs, voire un bouquet entier que vous envelopperez dans un napperon en papier. Nouez les fleurs par un ruban, collez le bouquet sur le papier et nouez les extrémités du ruban en un joli nœud.

R ien n'est plus facile à faire qu'un éventail en papier. Découpez une feuille de papier cadeau de la largeur que vous désirez donner à l'éventail ouvert et de 3 fois sa longueur finale. Pliez la feuille en 2. Pliez ensuite cette double feuille en accordéon, en commençant par le bord où se trouve le pli. Marquez soigneusement chaque pli en le lissant avec l'ongle.

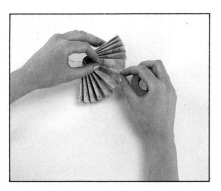

Tenez tous les plis entre les doigts et pliez l'accordéon en plaçant le pli initial sur le dessus. Collez les bords face à face avec un morceau de ruban adhésif double face (voir photo). Veillez à ce que le ruban adhésif colle bien sur toute la longueur de manière à ce que la jonction reste invisible lorsque l'éventail sera déplié.

Ouvrez l'éventail et collez du ruban adhésif double face sur toute la longueur de la base plane. Collez l'éventail sur le paquet. La taille de l'éventail doit respecter celle du cadeau : il ne doit ni l'écraser ni paraître insignifiant. Si vous hésitez, faites un essai avec un morceau de papier journal.

Ce charmant sachet parfumé
constitue à lui seul un petit
cadeau supplémentaire pour l'heureux
destinataire. Procurez-vous un morceau
de tulle assorti au papier. Vous pouvez
utilisez un autre tissu que le tulle, mais
il doit laisser passer le parfum tout en
protégeant les pétales de la poussière.
Prévoyez un carré de tissu de 15 à
20 cm de côté.

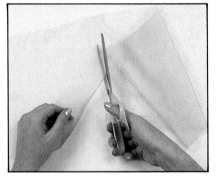

Placez le mélange de pétales (le pot-
pourri) au centre du tissu. Il vous en
faut une bonne poignée. Choisissez les
fleurs en fonction du cadeau : de la
lavande pour des savons à la lavande,
par exemple. Si vous offrez un livre de
cuisine, faites votre pot-pourri avec un
bouquet garni !

Faites un petit baluchon. Nouez-le avec
un fil solide enroulé plusieurs fois
autour du tulle pour éviter que le sachet
ne s'ouvre. Dissimulez le fil sous un
morceau de ruban semblable à celui
utilisé pour le paquet. Attachez le pot-
pourri au paquet et terminez par un joli
nœud ou, si vous avez utilisé du
bolduc, faites-le boucler.

Voici une décoration spécialement destinée aux gourmands, petits et grands. Les bonbons acidulés ont l'avantage d'avoir de jolies couleurs, mais vous pouvez très bien utiliser des caramels ou des chocolats. Rassemblez 5 ou 6 bonbons en les tenant par le papier.

Nouez-les avec un morceau de bolduc étroit. Serrez bien. Si le papier est un peu court, faites quelques petits points de couture pour que le bouquet de bonbons ne se défasse pas avant l'heure. Prévoyez une longueur suffisante de bolduc de chaque côté du nœud afin de pouvoir attacher les bonbons au paquet et faire boucler le bolduc.

Enroulez le même bolduc autour du cadeau en conservant une longueur suffisante à chaque extrémité. Attachez le bouquet de bonbons (voir photo). Faites boucler les 4 longueurs de bolduc avec la lame d'une paire de ciseaux. Essayez de coordonner les couleurs des bonbons à celles du papier. Par exemple, avec un papier noir et blanc, des berlingots au réglisse donneront un résultat très élégant.

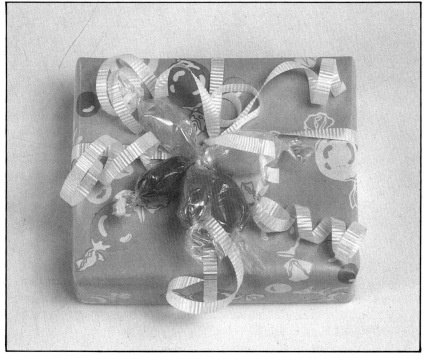

Comment éviter que Paul n'ouvre le cadeau destiné à Pierre et inversement ? Il suffit, bien sûr, d'indiquer clairement le nom de la personne à laquelle le cadeau est destiné. Inutile de gâcher pour autant un beau cadeau en griffonnant sur le papier d'emballage ! Tout cadeau digne de ce nom doit être muni d'une étiquette, de préférence assortie au papier cadeau. Vous préférerez peut-être réaliser une étiquette témoignant d'une attention particulière pour la personne qu'elle désigne. S'il s'agit d'un enfant, faites-lui un double plaisir : une étiquette comestible qu'il pourra *manger* avant d'ouvrir son cadeau !

L'étiquette est le petit détail indispensable qui distingue un cadeau. Observez l'assortiment ci-dessus et jugez vous-même. Il ne s'agit que d'exemples car, avec un peu d'imagination, vous serez vite capable de créer vos propres modèles pour mieux les adapter aux circonstances et aux personnes qui vous sont chères.

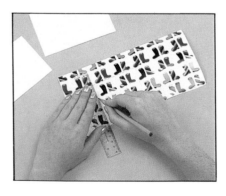

Une idée originale et raffinée : une étiquette coordonnée au papier. Pour réaliser un simple carton plié, choisissez un papier à petits motifs. Dans le papier cadeau, découpez un rectangle égal à 2 fois la taille de l'étiquette désirée pour la longueur, et de même taille en hauteur. Choisissez une partie représentant le motif en entier.

Collez le papier sur un morceau de carton fin d'une couleur présente sur le papier cadeau. Laissez sécher. Découpez le carton. Pliez la fiche ainsi obtenue en 2. Percez un trou dans le coin supérieur gauche. Enfilez un morceau de bolduc dans le trou et attachez-le au paquet. Vous pouvez aussi sélectionner un seul motif et le découper comme nous l'avons fait pour le panda.

ACCORDÉON

Si vous voulez adresser un petit mot à la personne à laquelle vous offrez le cadeau, optez pour cette étiquette en accordéon. Choisissez un papier à motifs assez grands. Tracez un rectangle autour d'un motif, en veillant à ce que les coins soient bien à angle droit et que les lignes n'empiètent pas sur les autres motifs.

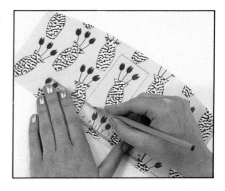

Découpez le rectangle au cutter. Découpez un morceau de carton fin de la même hauteur que le motif et de longueur égale à 3 fois celle du motif. Pliez le carton en 3 en marquant bien les plis. Repliez les 2 parties supérieures sur elles-mêmes (voir photo) en veillant à ce que les arêtes soient bien rectilignes.

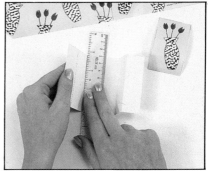

Découpez le motif du papier cadeau en 2. Collez chaque moitié sur les parties repliées du carton. Vous devrez peut-être rectifier les bords pour que le motif ne dépasse pas du carton. Essayez toujours d'assortir la teinte du carton au papier cadeau. Dans notre exemple, nous aurions pu remplacer le carton blanc par du rouge, du jaune, voire du noir.

Il existe une telle variété d'autocollants que, quel que soit le papier que vous avez choisi, vous trouverez certainement un motif approprié. Découpez un rectangle de carton uni, égal à 2 fois la taille de l'étiquette désirée.

Pliez le rectangle de carton en 2. Au crayon, repérez le centre et fixez l'autocollant à cet endroit. Percez un trou dans le coin supérieur gauche de la deuxième « page » de l'étiquette. Ecrivez votre message et attachez l'étiquette au paquet par un ruban ou un morceau de bolduc.

Ne jetez plus vos cartes de voeux de l'année dernière ! Elles feront des étiquettes très sympathiques. Parfois, comme c'est le cas ici, le dessin a déjà la forme d'une étiquette. Découpez soigneusement un papier cartonné de mêmes dimensions, collez la carte sur le carton, percez un trou et passez un ruban. Personne ne devinera que cette étiquette est une carte camouflée !

Avec un peu d'imagination, vous donnerez à vos vieilles cartes un nouvel aspect. Vous pouvez, par exemple, modifier leur forme avant de les coller sur un papier cartonné. Dans ce cas, commencez par en tracer le pourtour au crayon sur le papier pour que la découpe soit bien nette. Il suffit ensuite de percer un trou et d'attacher l'étiquette au paquet.

Avec de telles étiquettes, plus moyen de se tromper de cadeau ! Ces lettres découpées exigent une finition très soignée. Tracez les lettres sur une feuille de papier calque en veillant à ce qu'elles se touchent en plusieurs endroits.

Reportez les lettres (ou l'initiale) sur une feuille de papier cartonné. Tracez les lignes droites avec une règle.

Découpez les lettres avec un cutter. Percez un trou pour suspendre l'étiquette. Passez un ruban et attachez l'étiquette au paquet.

Pour assortir vos étiquettes à vos paquets, vous pouvez également reprendre le motif du papier cadeau. Tracez le motif agrandi sur une feuille de papier. Servez-vous de ce gabarit pour reporter le motif sur une feuille de carton de couleur.

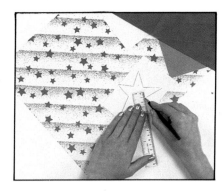

Pour que le résultat soit vraiment impeccable, choisissez la couleur la plus proche de celle des motifs du papier cadeau. Pour modifier le ton du carton, pensez à le recouvrir éventuellement d'une feuille de papier de soie. Découpez la forme du motif. Percez un trou et passez-y un ruban pour pouvoir attacher l'étiquette au paquet.

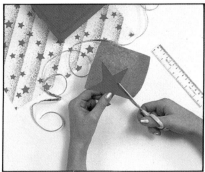

VOLE, BALLON, VOLE!

Vous réaliserez cette amusante étiquette à 3 feuillets en y ajoutant un motif du papier d'emballage. Ce modèle donne d'excellents résultats avec des motifs terminés par un fil : ballons, cerfs-volants, pelotes de laine, etc. Avec un peu de patience, vous le réaliserez avec n'importe quel dessin. Découpez le motif du papier cadeau et utilisez-le pour tracer un gabarit sur une feuille de papier blanc.

Découpez une pièce triangulaire tronquée dans du carton de couleur (voir photo). Reportez le gabarit sur la feuille de carton sans oublier le petit morceau prévu pour le haut du motif (ici, l'arrondi du ballon).

Marquez les plis avec le dos d'un cutter ou une lame de couteau. Pliez l'étiquette. Collez le motif sur la page du milieu. Dessinez une longue ficelle à la suite de celle du motif. Fermez la carte et continuez à tracer la ficelle sur la première page en veillant à ce qu'elle rejoigne bien la précédente. Terminez en écrivant le nom du destinataire dans le prolongement de la ficelle.

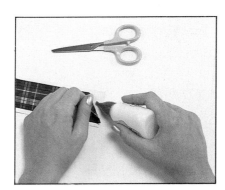

Pour réaliser une étiquette assortie au ruban, choisissez de préférence un tissu écossais, très spectaculaire sur un papier uni. Si vous n'avez pas de ruban, vous pouvez découper une bande de tissu avec des ciseaux cranteurs. Pour l'étiquette, collez un morceau de ruban ou de tissu sur une feuille de carton.

Ajustez bien les bords du carton. Pliez l'étiquette en 2. Coupez-la à la longueur voulue en lui donnant la forme des extrémités du ruban (ici découpées en V). Percez un trou et passez un ruban de couleur assortie pour l'attacher au paquet.

Pourquoi ne pas accompagner les cadeaux destinés aux enfants d'une petite gâterie supplémentaire ? Ces étiquettes comestibles sont en réalité des gâteaux sablés. Pour confectionner 15 à 20 étiquettes, mélangez, dans un plat, 100 g de sucre cristallisé et 150 g de farine. Ajoutez 100 g de beurre et malaxez jusqu'à ce que le mélange ait la consistance du sable.

Ajoutez de l'eau pour obtenir une pâte ferme. Pétrissez bien et abaissez la pâte au rouleau. Dans la pâte, découpez des étiquettes de formes différentes. N'oubliez pas le trou pour le ruban ! Mettez au four à 200 C (thermostat 6) pendant 15 à 20 minutes. Laissez refroidir. Au pinceau ou avec une douille, écrivez le nom du destinataire sur le biscuit avec du glaçage ou avec un colorant alimentaire.

Voici une autre recette d'étiquettes « comestibles ». Pour une vingtaine d'étiquettes, mélangez 225 g de sucre glace et ajoutez progressivement un blanc d'oeuf battu pour obtenir une pâte ferme. Mélangez bien. Séparez la pâte en 2. Ajoutez un colorant alimentaire dans l'une des moitiés. Pétrissez soigneusement de manière à bien répartir le colorant.

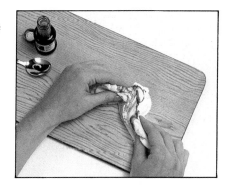

Abaissez le mélange à 5 mm. Découpez des formes au couteau. Mélangez un autre colorant à la seconde moitié de pâte et recommencez l'opération. N'oubliez pas le trou du ruban. Pour écrire le nom, faites des petits trous dans la pâte avec un cure-dent ou, lorsque les bonbons sont secs, écrivez au pinceau avec du colorant. Laissez les bonbons sécher pendant une semaine.

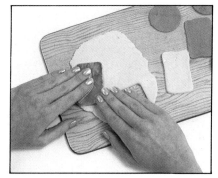

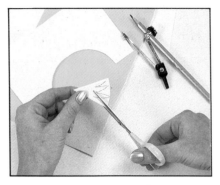

Certaines étiquettes constituent à elles seules la décoration d'un paquet. Emballez votre cadeau dans un papier uni, légèrement brillant, qui servira de toile de fond à cette étiquette fleurie. Pour réaliser le gabarit, tracez un cercle au compas. Pliez-le en 8, dessinez 4 pétales sur le triangle obtenu et découpez les pétales.

Tracez 2 cercles en vous aidant du gabarit et reportez les pétales sur chacun d'eux. Recommencez l'opération avec 2 cercles plus petits pour le centre de la marguerite. Superposez les cercles en décalant les pétales de manière à ce qu'ils ne se chevauchent pas. Collez-les au centre avec de la colle ou du ruban adhésif double face.

Découpez une rondelle de papier jaune. Ecrivez dessus le nom du destinataire et collez-la au centre de la fleur. Repliez légèrement les pétales vers le centre pour donner du volume à la marguerite, puis collez-la sur le paquet. Selon la saison, vous pouvez aussi fabriquer un chrysanthème aux teintes automnales ou un œillet de printemps.

Au siècle dernier, les dames réalisaient de superbes tableaux avec des fleurs séchées. Pour créer cette ravissante étiquette, nous avons repris l'idée en miniature. Cueillez quelques fleurs et quelques feuilles et faites-les sécher entre deux feuilles de papier buvard, sous un dictionnaire. Laissez-les sécher pendant au moins une semaine avant de les utiliser.

Tracez et découpez un gabarit ovale. Pour cela, pliez une feuille de papier en 4. Tracez une courbe dans un coin (voir photo) et découpez la forme. Dépliez la feuille. Reportez l'ovale sur une feuille de carton blanc. Pour le cadre, tracez un deuxième ovale un peu plus grand sur une feuille de carton assorti au papier cadeau. Découpez.

Collez les 2 cartons ovales l'un sur l'autre. Ecrivez votre message au dos du carton. Disposez les fleurs séchées sur le carton blanc en un joli bouquet. Collez les fleurs à l'aide d'un tube de colle à bec fin. Laissez sécher. Percez un trou au sommet de l'étiquette. Passez un ruban et attachez l'étiquette au paquet.

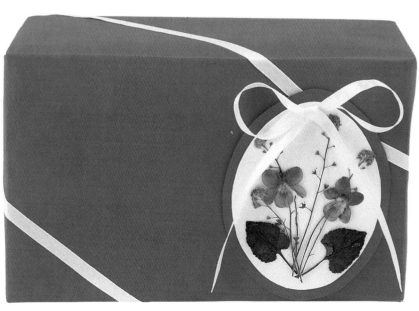

Voici une manière amusante de décorer le cadeau d'un petit garçon. Pliez une bande de carton souple en 2 et dessinez un bateau stylisé. Découpez la forme et collez les 2 extrémités avec du ruban adhésif. Pour former le fond, repliez chaque côté vers l'intérieur, à environ un tiers de sa hauteur. Retournez la barque et collez les 2 bords du fond avec du ruban adhésif.

Découpez une voile en papier. Pour le mât, assemblez 2 cure-dents avec du ruban adhésif. Cassez la moitié d'un des cure-dents. Fixez le mât à la voile avec du ruban adhésif en plaçant le côté pointu vers le bas.

Découpez un petit drapeau et fixez-le au sommet du mât. Ecrivez le nom du destinataire sur la voile. Plantez le mât dans une petite boule de pâte à modeler collée au fond du bateau. Dissimulez la boule avec un petit morceau de carton de la couleur du bateau. Pour les vagues, collez quelques brins de coton hydrophile sous le bateau.

Les enfants passionnés par les avions seront ravis de cette étiquette. Fabriquez du papier avec des motifs en forme de nuages en suivant les explications de la page 16. Sur une feuille de carton souple, tracez le corps de l'avion. Tracez également la forme des ailes. Découpez les pièces.

Sur du papier adhésif, tracez 2 lignes parallèles un peu moins longues que les ailes. Entre les 2, inscrivez le nom du destinataire en lettres majuscules. Veillez à ce que les lettres ne se touchent pas et qu'elles aient toutes la même taille.

Découpez soigneusement les lettres et collez-les sur les ailes. Inscrivez votre nom et une petite dédicace en dessous des ailes. Découpez une fente dans le corps de l'avion de manière à glisser les ailes (voir photo). Percez un trou sur le nez de l'appareil. Passez un ruban dans le trou et collez-le sur un coin du paquet.

Il est souvent très facile de deviner le contenu d'un paquet, notamment si l'objet a une forme particulière. Comment préserver l'effet de surprise ? En déguisant le cadeau, tout simplement ! Dans ce chapitre, nous allons voir comment une bouteille devient crayon, un disque coussin, un cadeau rond chapeau. Les occasions spéciales sont à marquer d'un cadeau - et d'un emballage - spécial ! Les pages qui suivent regorgent d'idées qui vous permettront de vous montrer à la hauteur de toutes les situations : mariage, Noël, baptême, Pâques ou Saint-Valentin.

Pour Pâques, la Saint-Valentin ou la
naissance de votre petite nièce, vous aurez
plaisir à confectionner un emballage adapté
à l'événement. Mieux encore, si vous
déguisez votre cadeau en gâteau
d'anniversaire ou en bonhomme de neige,
personne ne devinera ce qu'il contient !

L a forme des feuilles de houx est facile à reproduire. Celles-ci conviennent parfaitement aux cadeaux de Noël. Pour réaliser un gabarit, reportez au crayon les dimensions du dessus du paquet sur une feuille. Tracez les diagonales reliant les angles. A partir de leur point d'intersection, dessinez 4 feuilles de houx dont les nervures centrales suivent les diagonales.

Décalquez le gabarit sur une feuille de papier cartonné vert. Découpez soigneusement les feuilles de houx et repliez-les légèrement au milieu, à l'endroit de la nervure.

Pour les baies, confectionnez des petites boules en coton hydrophile et enveloppez-les de papier de soie rouge. Mettez un point de colle sur le coton pour faire tenir le papier et tordez l'extrémité. Laissez sécher la colle. Coupez la torsade de papier en excédent. Disposez les feuilles et les baies sur le paquet et fixez-les avec de la colle ou du ruban adhésif double face.

Selon le motif du papier choisi, ces cloches conviendront aussi bien pour Noël (comme sur notre exemple) que pour Pâques. Réalisez 2 gabarits de cloche en dessinant le battant sur l'un d'entre eux. Reportez 2 fois chaque gabarit sur du carton souple. Découpez les formes.

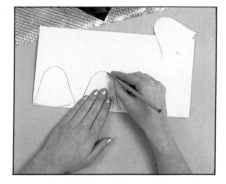

Recouvrez les pièces en carton de papier doré (ou de papier d'une couleur assortie au papier cadeau). Sur les pièces comportant le battant, pratiquez une entaille allant du sommet arrondi au centre de la cloche. Sur les autres, découpez une entaille allant de la base au centre de la cloche.

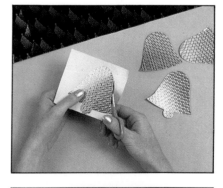

Percez un trou au sommet des pièces sans battant et enfilez le ruban. Glissez les 2 pièces de la cloche (une sans battant, une avec battant) l'une dans l'autre de manière à obtenir une cloche en 3 dimensions. Attachez les cloches au paquet par le ruban. Vous pouvez confectionner autant de cloches que vous le souhaitez, en variant les tailles.

Les bonnes bouteilles constituent un cadeau très apprécié, mais dont le secret est trop vite percé. Pour donner une touche mystérieuse à votre paquet, déguisez-le en sapin de Noël. Procurez-vous un pot de fleur pouvant contenir la bouteille. Dans du carton souple, découpez un tiers de cercle dont le rayon est égal à la hauteur de la bouteille moins 8 cm. Recouvrez de papier cadeau et formez un cône.

Calez la bouteille dans le pot et recouvrez-la avec le cône. Prenez soigneusement les mesures avant de commencer pour que le cône ne soit ni trop court ni trop long. Rectifiez-le si nécessaire. Pour décorer la pointe du sapin, roulez un petit morceau de guirlande et fixez-le au sommet de l'arbre.

PETIT BONHOMME DE NEIGE

Ce charmant bonhomme de neige fera la joie des enfants, et plus grand sera leur plaisir quand ils découvriront ce qu'il cache. Cette forme ne convient cependant qu'à un cadeau cylindrique. Enveloppez-le de carton souple pour former le corps du bonhomme. Faites une boule en papier journal pour la tête et collez-la sur le corps. Recouvrez le corps et la tête de coton en le collant point par point.

Avec de petits morceaux de papier coloré, faites la bouche et les yeux et collez-les sur la tête. Pour réaliser le chapeau, découpez une bande et un disque de carton. A l'intérieur du disque, tracez un cercle et découpez en suivant ce tracé. Vous obtiendrez le rebord du chapeau et le fond. Enroulez et collez la bande de carton avec du ruban adhésif.

Collez le haut et le rebord du chapeau par de petits morceaux de ruban adhésif. Peignez le chapeau avec de la gouache noire. Fixez un morceau de ruban rouge à sa base et posez le chapeau sur la tête du bonhomme. Effrangez les extrémités d'un ruban imprimé,… voilà une écharpe très élégante pour votre bonhomme de neige !

Que pensez-vous de cette étiquette de Père Noël en relief ? Découpez un rectangle assez grand dans du carton coloré. Pliez-le en 2 en marquant bien le pli central. Dessinez un V à l'envers pour le chapeau du Père Noël et un petit arc de cercle pour son menton. Découpez-les avec un cutter et relevez-les légèrement vers l'extérieur.

Dessinez les yeux et la bouche. Formez la barbe avec un petit morceau de coton hydrophile et fixez-la sur le dessin par quelques points de colle. Agissez de même pour la bordure en fourrure du chapeau et pour le pompon. Percez un trou dans le coin supérieur gauche de la deuxième page de l'étiquette et attachez celle-ci au paquet.

Pour Noël, pourquoi ne pas garnir votre paquet de la même manière qu'un sapin traditionnel ? Il vous suffit d'une guirlande et de quelques boules. Enveloppez le cadeau dans du papier brillant qui mettra en valeur la décoration. Vous pouvez même utiliser du papier d'aluminium. Enfilez les boules sur une longueur de guirlande.

Recouvrez de ruban adhésif double face la surface où viendra se poser la décoration. Pour un paquet rectangulaire, placez les boules dans un coin. Si le paquet est carré, il est préférable de les placer au centre. Pour un paquet oblong comme sur la photo, décorez plutôt le dessus du paquet. Regroupez les boules et enroulez la guirlande tout autour comme pour former un nid.

Voici un petit messager descendu tout droit du ciel ! Pour former le corps de l'ange, découpez un quart de cercle dans un disque de carton souple et fermez-le en cône. Sur un morceau de carton plié en 2, dessinez un bras et une aile en partant du pli (voir photo). Découpez-les et dépliez-les. Vous avez maintenant 2 bras et 2 ailes.

Recouvrez le cône de papier argenté (le papier d'aluminium convient parfaitement). Reportez la forme des bras et des ailes sur du papier argenté et découpez-les. Fixez-les à leur place sur le cône avec un point de colle.

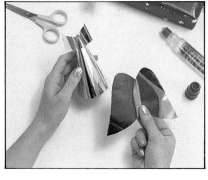

Pour la tête, faites une boulette de papier de soie. Tordez les extrémités du papier pour former le cou. Collez la tête au sommet du cône. Nouez un petit morceau de guirlande et fixez cette auréole sur la tête de l'ange. Roulez le petit morceau de papier sur lequel vous aurez écrit votre message et collez-le dans les mains de l'ange. Fixez l'ange sur le paquet à l'aide de ruban adhésif double face.

MEILLEURS VŒUX

Au moment de Noël, on échange tant de présents que les étiquettes prennent une importance capitale. Choisissez un motif adapté à la période de Noël, par exemple un sapin ou un sabot. Tracez le motif choisi sur une feuille de carton souple. Recouvrez-la de papier cadeau et découpez. Essayez d'assortir les couleurs de l'étiquette à celles du papier.

Selon les motifs de votre papier cadeau, essayez de réaliser une étiquette parfaitement coordonnée comme nous l'avons fait pour l'arbre. Pour que votre dessin soit bien symétrique, pliez le carton en 2 avant de tracer la moitié du motif contre le pli. Découpez la forme avant de déplier le carton.

Recouvrez le motif de papier cadeau et percez un trou dans le coin supérieur. Ecrivez votre message au dos et attachez l'étiquette au paquet avec un joli ruban. Pour plus de facilité, vous pouvez découper le motif dans du papier cadeau, dans les pages d'un magazine ou en suivant les contours d'un objet posé sur la feuille de carton.

 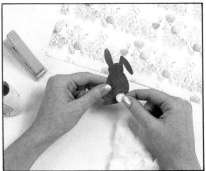

Double surprise : cet adorable lapin cache sur son ventre le nom du destinataire ! Cette étiquette est particulièrement adaptée aux cadeaux de Pâques. Dessinez la forme d'un lapin sur une feuille de carton souple et découpez-la. Si vous dessinez mal, découpez une image de lapin dans un livre et collez-la sur une feuille de carton souple. Recouvrez le lapin de papier marron.

Vous pouvez également peindre le lapin avec de la gouache marron (ou toute autre couleur assortie à votre papier cadeau). Pour la queue, faites une petite boulette de coton hydrophile et fixez-la au dos du lapin par un petit point de colle. Percez un trou dans la tête du lapin, passez un ruban, écrivez votre message au dos et attachez l'étiquette au paquet.

C'EST LE PRINTEMPS !

Ce joyeux poussin de Pâques ne demande qu'à être adopté. Découpez 2 rondelles de carton de la même taille. Tracez un cercle plus petit à l'intérieur des rondelles et découpez. Autour des 2 anneaux ainsi obtenus, enroulez un fil de laine jaune vif, en passant le fil au centre des anneaux. Continuez jusqu'à ce que le centre soit presqu'entièrement rempli de fils.

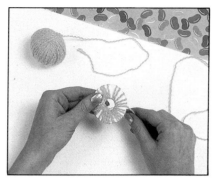

Coupez les fils de laine sur le pourtour des rondelles de carton. Passez un fil entre les rondelles pour rassembler les fils. Nouez serré en conservant de longues extrémités de fil. Découpez et ôtez les rondelles de carton et formez une boule. Confectionnez un pompon pour le corps avec 2 anneaux plus grands. Avant de couper les fils, passez un cure-pipe dans le trou central pour les pattes. Attachez les 2 pompons.

Repliez l'extrémité des pattes pour former les griffes. Enroulez un petit morceau de cure-pipe autour de chaque patte et donnez-lui la forme d'un V. Chaque pied a ainsi 3 griffes. Peignez les pattes en rouge. Fabriquez des yeux et un nez en feutrine et collez-les. Pour d'autres occasions, changez d'oiseau et faites un rouge-gorge avec de la laine rouge pour la tête et de la laine marron pour le corps.

Ce gâteau surmonté d'une bougie est un excellent déguisement pour un cadeau d'anniversaire. Commencez par confectionner un tambour en carton fort : découpez une bande de carton un peu plus longue que le périmètre de votre cadeau. Collez les bords avec du ruban adhésif. Découpez une rondelle de carton pour le couvercle et fixez-la à la bande par des petits morceaux de ruban adhésif.

Découpez une bande de papier blanc et recouvrez-en la bande de carton. Rabattez le bas de la feuille de papier à l'intérieur du tambour. De l'autre côté, coupez le papier en ne laissant qu'un petit rebord. Crantez le papier et rabattez les languettes sur le couvercle, puis collez-les. Découpez une rondelle de papier d'un diamètre légèrement inférieur à celui du couvercle et collez-la par-dessus.

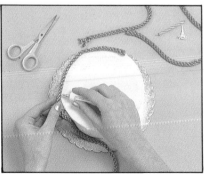

Glissez le cadeau sous le gâteau et posez le tout sur un napperon en carton. Découpez 2 longueurs de cordelière de la circonférence du gâteau. Collez-les sur le gâteau (encollez bien les extrémités pour qu'elles ne s'effilochent pas). La cordelière du bas permet de coller le gâteau sur le support. Percez un trou au centre du gâteau et plantez-y un bougeoir et une bougie.

Les jeunes sont toujours fiers de fêter leurs 18 ans. Voici une manière sympathique de souligner l'événement : collez l'âge en gros chiffres sur le cadeau (pour des personnes plus âgées, assurez-vous qu'elles ne souhaitent pas cacher leur âge !). En prenant le cadeau comme gabarit, tracez un rectangle sur du papier de couleur. Il déterminera la taille des chiffres (ils doivent être grands et bien visibles).

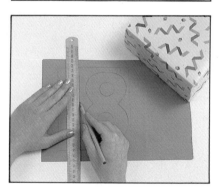

Tracez les chiffres en vous aidant d'une règle, puis découpez-les. Pour les parties à évider, utilisez plutôt un cutter.

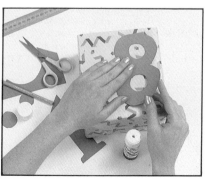

Collez les chiffres sur le paquet. Pour un résultat vraiment raffiné, confectionnez une étiquette assortie. Cette idée convient également très bien aux anniversaires de mariage.

CŒURS ENLACÉS

Voici l'emballage idéal d'un cadeau pour la Saint-Valentin. Pour un meilleur effet, choisissez du papier fin mais résistant, aux couleurs contrastées. Découpez une bande de 25 cm sur 10 cm. Reportez le gabarit de la page 127. Découpez en suivant les lignes et pliez la pièce en 2. Découpez les 2 fentes indiquées sur le gabarit. Recommencez l'opération avec une bande de papier de couleur différente.

En tenant une moitié du cœur dans chaque main, les bandelettes dirigées vers le haut, entrelacez les 2 parties. Commencez par les bandelettes du milieu. Pour glisser chaque bande d'une couleur, ouvrez d'abord celles de l'autre couleur (voir photo).

Entrelacez toutes les bandes. Cette opération exige un peu de soin. Vous vous rendrez rapidement compte de la nécessité de travailler avec un papier à la fois très souple et très résistant. Une fois terminé, le cœur s'ouvrira comme un panier dans lequel vous glisserez des petits cadeaux. Avec de la feutrine, vous obtiendrez une corbeille originale qui durera plus longtemps.

Ce modèle romantique est également idéal pour la Saint-Valentin. Dans un morceau de carton, découpez 2 cœurs, l'un environ 4 cm plus large que l'autre. Ensuite, dans un morceau de tissu de coton rouge, découpez un cœur plus grand que le plus grand des cœurs préalablement découpés. Enveloppez votre cadeau dans du coton hydrophile et posez-le sur le petit cœur en carton.

Lorsque le bourrage est suffisant, recouvrez l'ensemble avec le cœur en tissu. Tendez bien l'étoffe et fixez-la solidement au dos du cœur en carton par plusieurs petits morceaux de ruban adhésif. N'oubliez pas de cranter le tissu du côté de la pointe du cœur afin qu'elle se tende correctement et ne fasse pas de plis.

Recouvrez le grand cœur avec du papier de soie blanc afin que la teinte du carton n'apparaisse pas sous la dentelle. Dans plusieurs napperons en papier, découpez une frise de 5 cm de large. Froncez-la et fixez-la pli par pli sur le pourtour du cœur avec de petits morceaux de ruban adhésif. Appliquez une couche de colle sur toute la surface du grand cœur en carton et collez le cœur rouge rembourré par-dessus.

BOUQUET DE CONFETTIS

Cette idée est très simple, mais parfaite pour emballer un cadeau de mariage. Emballez votre cadeau dans du papier blanc uni et procurez-vous un sac de gros confettis. Vous pouvez les découper vous-même dans du papier de soie : pliez un morceau de papier en 8 et découpez un rond ou un ovale. Recommencez avec d'autres coloris jusqu'à obtenir le nombre de confettis nécessaire.

Disposez les confettis en bouquet à chacun des coins du paquet. Fixez-les par un point de colle sur l'une de leurs extrémités. Laissez sécher. Repliez légèrement les pétales pour leur donner du relief. Pour les noces d'argent, reprenez cette idée en remplaçant le papier de soie des confettis par du papier d'aluminium. Vous obtiendrez des confettis argentés.

Cette superbe reliure constitue un magnifique emballage pour un cadeau de fête religieuse. Enveloppez le cadeau avec du papier doré pour lui donner l'aspect des pages fermées d'un livre. Positionnez bien les rabats sur le dernier côté à recouvrir.

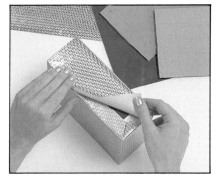

Découpez 2 morceaux de carton fort, un peu plus larges que le cadeau. Découpez un morceau de carton souple de la largeur du cadeau mais un peu plus long. Placez le carton souple entre les 2 morceaux de carton fort et assemblez-les avec du ruban adhésif. Recouvrez les cartons avec du papier uni en rabattant bien les bords sur l'intérieur.

Appliquez une couche de colle sur l'intérieur de la couverture, puis glissez le cadeau emballé dans cette reliure. Dans du papier doré, découpez 2 croix (ou, selon votre religion, un autre symbole). Collez-les sur la couverture et sur la tranche.

Ce ravissant berceau constitue une décoration idéale pour un cadeau de baptême. Avec un morceau de carton souple, fabriquez une petite boîte qui constituera la base du berceau. Collez les côtés avec du ruban adhésif.

Découpez un morceau de ruban une fois et demie plus long que le périmètre du berceau. Assemblez les extrémités par une couture. Passez un fil sur toute la longueur du ruban et froncez. Appliquez une couche de colle sur le pourtour du berceau et posez le volant sur la moitié du bas. Recommencez l'opération avec un autre ruban de même longueur que vous collerez sur la moitié supérieure.

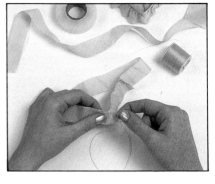

Placez un morceau de coton hydrophile dans le berceau. Recouvrez-le d'un morceau de dentelle et d'un carré de tissu. Pour former le baldaquin, collez un morceau de ruban de grande largeur sur une bande de carton fort. Pliez celle-ci en 2 et collez ce baldaquin à l'extrémité du berceau.

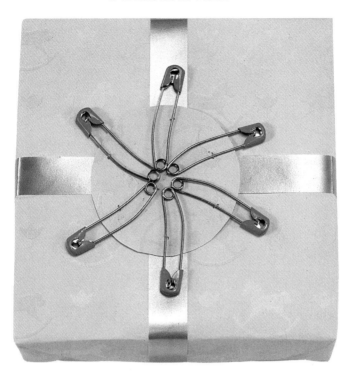

L es jeunes mamans ont toujours
besoin d'une quantité incroyable
d'épingles de sûreté. Offrez-en en
même temps que le cadeau ! Avec un
compas, tracez un cercle sur une feuille
de carton souple et un second cercle de
même dimension sur le papier cadeau.
Découpez-les et collez-les.

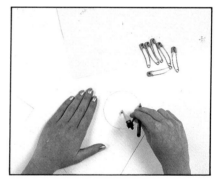

Disposez plusieurs épingles de sûreté
pour former un cercle sur la rondelle de
carton (si vous voulez respecter la
tradition, choisissez des épingles bleues
pour les garçons et roses pour les
filles).

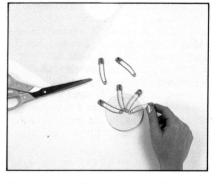

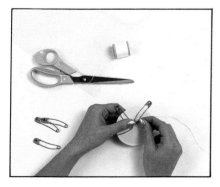

Choisissez un fil assorti au papier
cadeau et cousez chaque épingle à sa
place. Prenez votre temps pour ne pas
vous tromper, les petits trous en trop
font très mauvais effet. Emballez votre
cadeau et n'oubliez pas le ruban. Collez
la rondelle et ses épingles sur le dessus
du paquet avec du ruban adhésif
double face ou de la colle.

Cette boîte aux lettres britannique convient parfaitement pour un cadeau cylindrique. Vous pouvez adapter l'idée pour réaliser une fusée, par exemple. Découpez une bande de carton souple rouge. Enveloppez-en le cadeau et fixez les bords avec du ruban adhésif. Tracez et découpez un cercle d'un diamètre supérieur à celui du cylindre. Découpez une fente en suivant le rayon jusqu'au centre du cercle.

Superposez les bords du rayon de manière à former un cône plat et assemblez-les sur l'envers avec du ruban adhésif. Collez une bande de papier noir sur la base de la boîte. Collez le couvercle avec du ruban adhésif double face. Collez un fin rectangle de papier noir pour simuler la fente et un carré de papier blanc pour indiquer les heures de levée... ou le nom de l'heureux destinataire !

CHAPEAU !

Toutes les petites filles seront ravies de recevoir un cadeau qui ressemble à un chapeau. Attention, seul un cadeau circulaire et plat peut être emballé de cette manière. Découpez une bande de carton souple pour envelopper le cadeau. Découpez ensuite un disque de carton légèrement plus grand que la circonférence du cadeau.

Recouvrez le disque et la bande de papier cadeau de couleur pastel. Placez la bande autour du cadeau et rabattez le bord supérieur sur le cadeau en effectuant une série de plis. Collez ces derniers entre eux avec du ruban adhésif. Recommencez l'opération pour le dessus du chapeau.

Découpez une rondelle de papier cadeau assez large pour former le rebord du chapeau. Collez le cadeau au centre de la rondelle. Découpez une autre rondelle de papier d'un diamètre identique à celui du premier disque. Collez-la sur le dessus. Nouez un ruban aux extrémités coupées en V et collez quelques fleurs artificielles sur le rebord du chapeau.

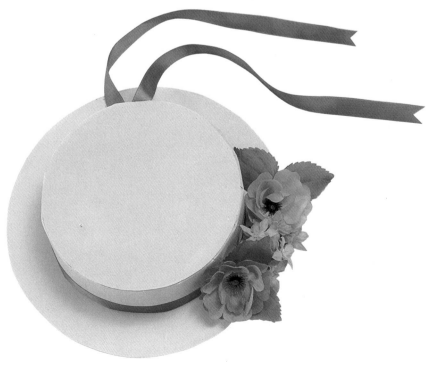

Un disque se reconnaît aisément à sa forme. Comment le camoufler ? Voici une idée toute simple, mais efficace : déguisez le disque en coussin ! Commencez par confectionner des glands en découpant des franges de 2,5 cm de long dans une bande de papier. Roulez le bord de la bande bien serré, et maintenez le gland par du ruban adhésif de couleur.

Pliez en 2 une feuille de papier, 2 fois plus grande que le disque. Prévoyez une marge pour les bords. Assemblez 2 des côtés par une bande de ruban adhésif de couleur que vous utiliserez en même temps pour fixer les glands à chaque coin. De la même manière, collez une bande de ruban adhésif sur le bord correspondant au pli du papier.

De chaque côté du disque, bourrez l'intérieur du coussin avec du papier de soie découpé en bandelettes en ayant soin de bien le répartir dans les coins. N'en mettez pas trop car le papier risquerait de faire des plis. Fermez le dernier côté avec du ruban adhésif de couleur.

Voici une autre manière de dissimuler la forme évidente d'un disque. Procurez-vous 2 grands carrés de carton fort. Placez le disque dans un coin (voir photo) et tracez une ligne allant du coin inférieur droit du disque au coin supérieur droit du carton. Tracez une seconde ligne en partant du coin supérieur gauche du disque. Effectuez la même opération sur l'autre carré de carton vous obtenez ainsi la forme du cerf-volant.

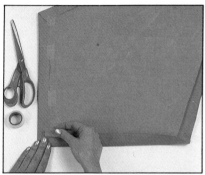

Découpez le carton en suivant les lignes et placez le disque en sandwich entre les 2 pièces de carton. Recouvrez le tout de papier de couleur. Rabattez les bords et fixez-les avec du ruban adhésif sur l'envers. Découpez un autre morceau de papier, un peu moins grand, et collez-le au dos du cerf-volant.

Au crayon, tracez des lignes joignant les coins du cerf-volant. Appliquez une bande de ruban adhésif de couleur sur toute la longueur de ces lignes. Ne tendez pas trop le ruban adhésif pour ne pas faire plisser le papier. Découpez des nœuds en papier. Collez-les sur un morceau de ruban que vous fixerez à la pointe du cerf-volant.

Pour donner un air important à un tout petit cadeau, enveloppez-le en lui donnant la forme d'une boule. Choisissez une bande de papier 3 fois plus large que le cadeau et d'une longueur suffisante pour former de grosses boucles de chaque côté. Rabattez les bords. Pincez la bande aux extrémités et au centre en plissant le papier. Fixez les pinces avec du ruban adhésif.

Découpez une bande de papier comme sur la photo ci-contre. Rabattez les bords afin qu'ils se rejoignent au centre et fixez-les avec du ruban adhésif. Comme précédemment, effectuez une série de plis à l'une des extrémités. Fixez-les avec du ruban adhésif. Découpez l'autre extrémité en V pour donner une jolie forme au ruban.

Formez les ganses de la première bande de papier et fixez-les avec du ruban adhésif double face. Collez les extrémités en V sous le nœud. Enfin, collez un petit morceau de ruban adhésif double face au centre du nœud et collez le cadeau. Faites bouffer.

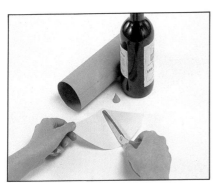

Demandez au destinataire du cadeau de deviner ce que cache ce gros crayon ! Il ne pensera jamais à une bouteille de vin. Dans un papier cartonné de couleur, fabriquez un cylindre de 5 cm de moins que la bouteille. Assemblez les bords avec du ruban adhésif. Sur un carton plus clair, tracez un tiers de cercle de 7,5 cm de rayon. Formez un cône et assemblez les bords avec du ruban adhésif.

Confectionnez un tout petit cône pour la pointe du crayon. Collez-le sur le grand cône. Collez plusieurs morceaux de ruban adhésif sur le bord intérieur du cône blanc, en les faisant dépasser. Passez la main dans le cylindre et fixez le cône à celui-ci. Glissez la bouteille dans le crayon et fermez la base par 2 bandes de ruban adhésif tendues en travers du culot de la bouteille.

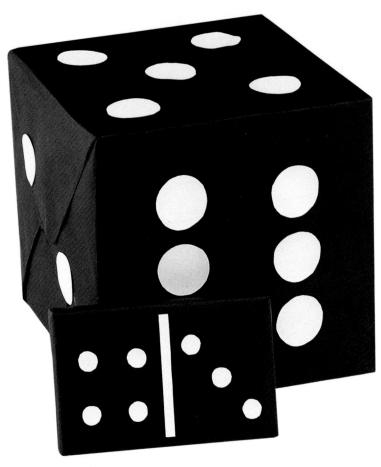

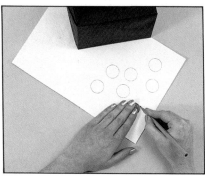

Déguisé en dé, un cadeau carré prend une allure mystérieuse. Pour un petit cadeau plat, pensez aux dominos. Mesurez le cadeau afin de vérifier qu'il constitue un cube parfait. Dans le cas contraire, choisissez une autre idée. Enveloppez le cadeau de papier noir. Dessinez des rondelles sur du papier blanc en vous aidant d'un compas ou d'une pièce de monnaie.

Découpez soigneusement les rondelles, disposez-les sur le paquet et collez-les. Pour les répartir correctement, inspirez-vous d'un véritable dé. Pour le domino, procédez de la même manière. N'oubliez pas de coller une fine bande de papier blanc pour séparer les 2 côtés du domino !

Votre cadeau a une forme trop plate et un peu triste ? Transformez-le en as de pique ! Enveloppez votre cadeau dans du papier blanc. Faites un gabarit du pique : pliez une feuille de papier en 2 et dessinez la moitié du pique contre le pli (en l'ouvrant, vous obtiendrez une forme parfaitement symétrique). Reportez le gabarit sur du papier noir, découpez le pique et collez-le au centre de la « carte ».

De la même manière, découpez 2 petits piques pour les coins. Avec une règle, tracez un A dans les coins. Collez les petits piques en dessous. Découpez un rectangle de papier imprimé plus petit que la carte et collez-le au dos du paquet. Vous pourrez réaliser, de la même manière, une Dame ou un Roi de cœur pour la Saint-Valentin ou un 10 de carreau pour les dix ans d'un petit garçon.

GABARITS

Ces gabarits vous aideront à réaliser les modèles du chapitre « Boîtes et sachets », ainsi que les cœurs enlacés de la page 110. Reportez soigneusement les gabarits sur du papier ou du carton en suivant les indications de mesures. Pour marquer les plis (lignes en pointillés), repassez sur la ligne — à l'intérieur de la boîte — avec le dos d'une lame de cutter ou avec une lame de ciseaux, cela vous permettra de plier la boîte avec plus de facilité. Pour augmenter ou diminuer la taille de la boîte, il suffit de modifier les dimensions.

Cube parfait (page 32)

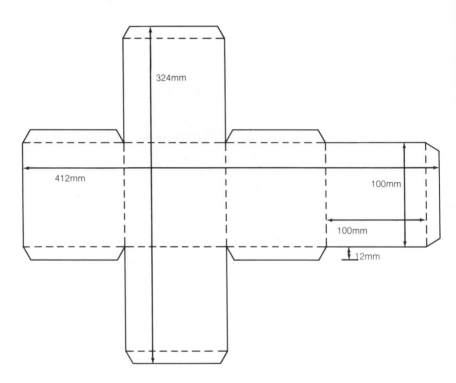

Boîte à malices (page 33)

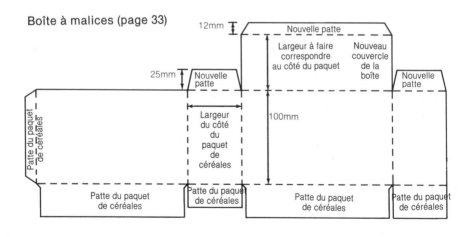

Les diamants sont éternels (page 34)

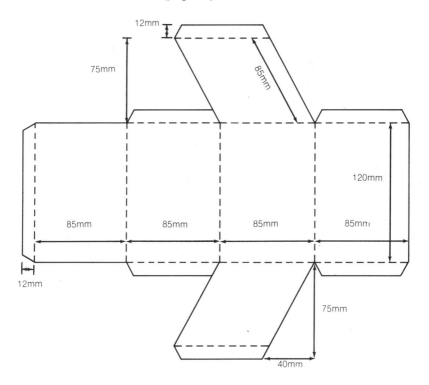

Floraison (page 36)

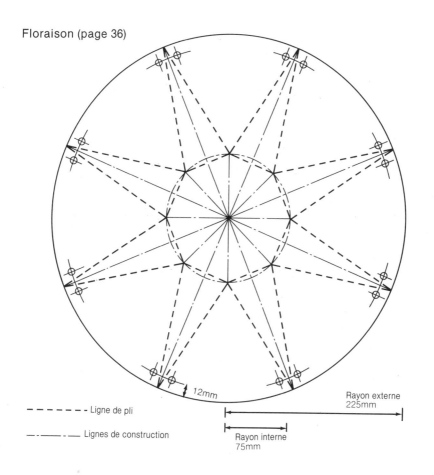

- - - - - Ligne de pli

—·—·—·— Lignes de construction

12mm

Rayon interne
75mm

Rayon externe
225mm

Fragile ! (page 37)

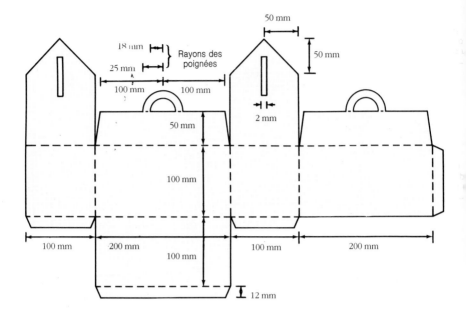

Pyramides (page 39)

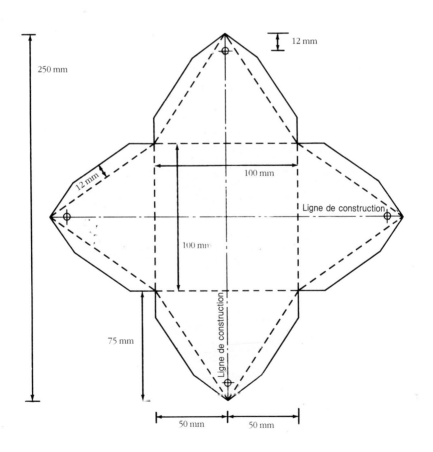

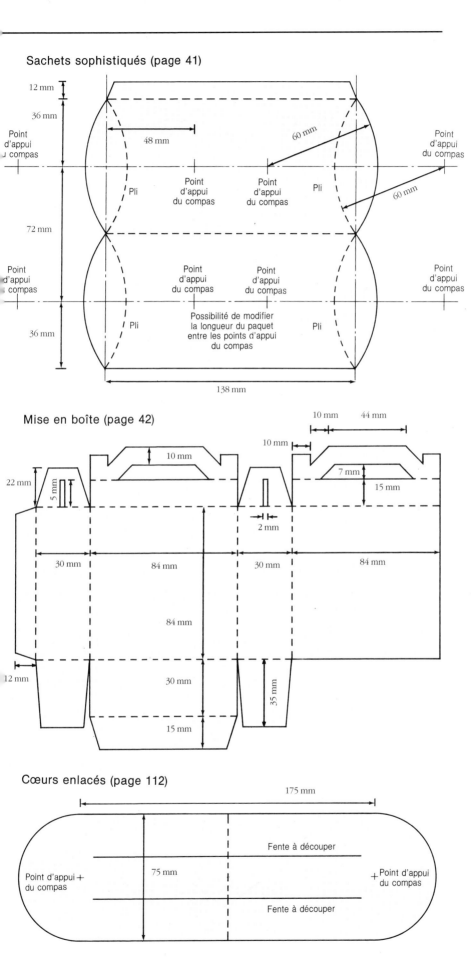

Sachets sophistiqués (page 41)

12 mm
36 mm
Point d'appui ⌐ compas
48 mm
60 mm
Point d'appui du compas
Pli
Point d'appui du compas
Point d'appui du compas
Pli
60 mm
72 mm
Point d'appui ⌐ compas
Point d'appui du compas
Point d'appui du compas
Point d'appui du compas
36 mm
Pli
Possibilité de modifier la longueur du paquet entre les points d'appui du compas
Pli
138 mm

Mise en boîte (page 42)

10 mm   44 mm
10 mm
10 mm
22 mm
5 mm
7 mm
15 mm
2 mm
30 mm   84 mm   30 mm   84 mm
84 mm
12 mm   30 mm   35 mm
15 mm

Cœurs enlacés (page 112)

175 mm
Fente à découper
Point d'appui + du compas
75 mm
+ Point d'appui du compas
Fente à découper

Collection Manie-Tout

3. Marionnettes à fils
4. Vive Carnaval !
7. Pâte à sel
8. Couronnes en fête
9. Masques démasqués : pâte plastique, résine, latex, cuir
12. Masques aux quatre saisons : plumes, perles, feuilles, paillettes
15. Bijoux en soie

Savoir créer

47. Cadeaux de naissance
57. Maquillages/visages
58. L'art de recevoir comme au Moyen Age
61. Les secrets du sucre : décors et friandises

Loisirs - Plans

1. Masques faciles en papier
13. Animaux - cagoules
14. Pantins animés en papier

Série 101

64. La pâte à bois
66. Feutrine pour la maison
68. Déguisements improvisés
70. Marionnettes insolites
71. Travaux en papier
81. Spectacles de marionnettes
87. Avec de la pâte à pain
88. Papiers fantaisie
92. Papier mâché
95. Tout décorer à la cuve
97. Déguisements à la carte
98. Pain d'épice, malices !

Collection Mille-pattes

3. Nouvelles bougies
4. Ornements de fête
5. Déguisements pour les petits
6. Petits loups, petits masques
9. Les goûters du mercredi
11. Fleurs séchées, de la cueillette au bouquet
13. Chapeaux de fête
14. Maquillages d'enfants
15. Petits modèles en pâte à sel
17. Théâtre en papier d'hier et d'aujourd'hui
20. Petits cadeaux à ma façon

L'éditeur tient à remercier pour leur aide à l'élaboration de cet ouvrage :

Hallmark Cards Ltd ;
The House of Mayfair
et Paperchase Ltd.

Titre original en langue anglaise : *The creative Book of Gift Wrapping.*
Traduction de Hélène Tordo, Scribo.
Adaptation française de Geneviève de Temmerman.

Croquis : Kathy Gummer
Photos : Steve Tanner

© Salamander Books Ltd, Londres, 1987.
© Éditions Fleurus, Paris, 1988 pour les éditions en langue française.
ISBN 2.215.01140.8
N° d'édition 88172
Dépôt légal à la date de parution
Achevé d'imprimer en août 1988
par Sagdos SpA en Italie.